Edward Arthur Dodd

Die Wirkung des gesetzlichen Schutzes auf die Lage der jugendlichen Fabrikarbeiter Deutschlands

Edward Arthur Dodd

Die Wirkung des gesetzlichen Schutzes auf die Lage der jugendlichen Fabrikarbeiter Deutschlands

ISBN/EAN: 9783743374614

Hergestellt in Europa, USA, Kanada, Australien, Japan

Cover: Foto ©Suzi / pixelio.de

Manufactured and distributed by brebook publishing software (www.brebook.com)

Edward Arthur Dodd

Die Wirkung des gesetzlichen Schutzes auf die Lage der jugendlichen Fabrikarbeiter Deutschlands

Die Wirkung des gesetzlichen Schutzes auf die Lage der jugendlichen Fabrikarbeiter Deutschlands.

Inaugural-Dissertation

zur

Erlangung der philosophischen Doctorwürde

der

hohen philosophischen Fakultät

der

vereinigten Friedrichs-Universität Halle-Wittenberg

vorgelegt von

Edward Arthur Dodd
aus Amerika.

Halle a. S.
1897.

Inhalt.

		Seite
1. Kapitel.	Besprechung der statistischen Angaben für jugendliche Arbeiter	1
2. Kapitel	Allgemeine Ursachen für die Schwankungen in der Zahl der jugendlichen Arbeiter	6
3. Kapitel.	Wirkung des Schutzgesetzes auf die jugendlichen Arbeiter in den einzelnen Industriegruppen und Landesteilen	24

Das Ganze erscheint als Band XV in der Sammlung national-ökonomischer und statistischer Abhandlungen des staatswissenschaftlichen Seminars zu Halle a. d. S., herausgegeben von Dr. Joh. Conrad, Professor der Staatswissenschaften zu Halle, im Verlage von Gustav Fischer, Jena.

Wirkung der Schutzbestimmungen auf die Lage der jugendlichen Arbeiter.

1. Kapitel. Besprechung der statistischen Angaben für jugendliche Arbeiter.

Gesamte Zahl der jugendlichen Arbeiter nach Altersgruppen und Geschlechtern:

Im Alter von 12—16 Jahren, also jugendliche überhaupt.

	Absolute Zahlen			Relative Zahlen		
	Männliche	Weibliche	Zusammen	Männliche	Weibliche	Zusammen
1884	98 955	55 404	154 359	1000	1000	1000
1890	156 008	85 729	241 737	1575	1547	1566
1894	142 073	71 901	213 974	1435	1297	1386
1895	146 110	75 639	221 749	1476	1364	1436

Im Alter von 12—14 Jahren.

1884	11 892	6 990	18 882	1000	1000	1000
1890	17 254	10 231	27 485	1450	1463	1455
1894	2 682	1 577	4 259	225	225	225
1895	2 669	1 658	4 327	224	237	229

Im Alter von 14—16 Jahren.

1884	87 063	48 414	135 477	1000	1000	1000
1890	138 754	75 498	214 252	1593	1557	1581
1895	143 441	73 981	217 422	1647	1527	1604

Auf 1000 junge Leute kommen Kinder:

1884	139
1890	128
1894	20
1895	29

Die Entwickelung unter den jugendlichen Arbeitern Deutschlands während der 11 Jahre von 1884 bis 1895 erreicht ihre gröfste Steigerung im Jahre 1890, wo die Gesamtzahl der arbeitenden Personen unter 14 Jahren 241 737 war, oder eine Vermehrung von 87 378 seit 1884, d. h. gleich 56,6 %. Während der ersten Hälfte dieser Periode nahm die Vermehrung langsam, zuletzt aber schnell zu. Seit 1890 läfst sich zunächst eine Abnahme wahrnehmen, welche im Jahre 1894 ihren niedrigsten Punkt erreicht, wo die Gesamtzahl jugendlicher Arbeiter 213 947 beträgt, d. h. eine Verminderung um 27 763 seit 1890. Es ist also seit 1884 eine Zunahme von 38,6 % zu beobachten. Im Jahre 1895 ist wiederum eine Steigerung eingetreten und zwar von 7 775 seit dem vorhergehenden Jahre und von 67 390 = 43,6 % seit 1884. Allgemein ausgedrückt ist also nach 1884 zunächst eine Zunahme wahrnehmbar, welche am stärksten während des Endes der 80er Jahre sich fühlbar macht und ihre höchste Zahl im Jahre 1890 erreicht; dann tritt eine weniger lebhafte Abnahme ein, welche ihre niedrigste Zahl im Jahre 1894 zeigt, und nachher zeigt sich wieder eine steigende Tendenz. Diesen Erscheinungen liegen zunächst hauptsächlich zwei Ursachen zu Grunde, und zwar 1) die Lage des Betriebs überhaupt und 2) die Wirkung der gesetzlichen Bestimmungen über die Arbeit jugendlicher Personen.

Was das erstere betrifft, so hat man eine weniger lebhafte Geschäftsthätigkeit zu Anfang der 80er Jahre erfahren in denjenigen Betrieben, in welchen jugendliche Arbeitskraft vorzugsweise Anwendung findet. Doch diese Lage der Betriebsthätigkeit änderte sich allmählich, bis man bald einen gröfseren Geschäftsaufschwung sowohl in den oben angedeuteten Betrieben, als auch im allgemeinen wahrnahm. Mit den Jahren 1891—93 ist aber nochmals eine flauere Zeit eingetreten, und zwar infolge der landwirtschaftlichen Krisen, welche ein bis drei Jahre, je nach der Betriebsart, dauern. Diese kann teilweise die oben gezeigte Erscheinung erklären; besonders ist dies der Fall bei der Entwickelung zu Anfang der 80er Jahre. Die höchste Abnahme zeigt das Jahr 1892, weniger erklärbar aus der flauen Geschäftslage, obgleich sich auch schon in der letzten Hälfte jenes Jahres die Krisis in einigen Betrieben fühlbar gemacht hatte, als durch die gesetzliche Bestimmung vom Jahre 1891, welche im folgenden Jahre 1892 (1. April) zur Ausführung kam, und infolge deren die Beschäftigung von Kindern unter 14 Jahren gröfstenteils eingestellt wurde. Es ist dann zunächst von Interesse, die Entwickelung innerhalb der verschiedenen Altersklassen zu beobachten, und zwar ist da bei den jungen Leuten d. h. jugendlichen Personen im Alter von 14—16 Jahren, eine allmähliche Zunahme zu erkennen, welche am erheblichsten im Jahre 1895 ist, wo nämlich 81 945 oder 60,4 % mehr als 1884 beschäftigt waren. Doch ist dies keine regelmäfsige Steigerung gewesen, es ist vielmehr eine vorübergehende Abnahme von 1884—86 und nochmals von 1892—95 zu bemerken, welche ihren niedrigsten Punkt im Jahre 1892 erreichte; hier jedoch betrug die Abnahme nur 5417 = 5 % gegenüber der Zahl von 1890.

Dagegen ist bei den Kindern eine Zunahme sofort zu erkennen, welche ihre höchste Steigerung im Jahre 1890 erreicht, und zwar kommen auf das Jahr 1890 8603 Kinder mehr, als auf das Jahr 1884, oder auf 1000 Kinder im Jahre 1884 kommen 1455 im Jahre 1890. Also ist die relative Vermehrung bei den Kindern etwa 12,6 % geringer, als bei den jungen Leuten. Nach 1890 trat eine Abnahme ein, welche im Jahre 1894 ihren niedrigsten Punkt erreichte, und zwar betrug die Verminderung seit 1890 bis zu jenem Jahre 23 126 und seit 1884 14 623, d. h. auf 1000 im Jahre 1884 kamen im Jahre 1894 229, das ist mit anderen Worten eine Abnahme von 87,1 %. Im Jahre 1895 ist eine kleine Zunahme wahrzunehmen, welche in zunehmender Heranziehung von Mädchen ihre Ursache hat und möglicherweise nur von vorübergehender Bedeutung ist.

Die Hauptursache, welche diese grofse Abnahme der Kinder herbeigeführt hatte, ist zweifelsohne die Wirkung der Schutzbestimmungen der Reichsgesetze; die Verminderung der jugendlichen Arbeiter überhaupt hängt hauptsächlich mit der Abnahme bei den Kindern zusammen. In absoluten Zahlen bilden die Kinder immer einen verschwindenden Teil der gesamten jugendlichen Arbeiter überhaupt, und zwar waren im Jahre 1884 116 595 junge Leute mehr als Kinder vorhanden, dagegen im Jahre 1894 205 456 junge Leute mehr als Kinder, oder in relativen Zahlen ausgedrückt kamen auf 1000 junge Leute im Jahre 1884 139 Kinder, und ihre Zahl erreichte ihre höchste Steigerung im Jahre 1886, wo auf 1000 junge Leute 156 Kinder kamen. Nach dem Jahre 1886 nimmt dann die Zahl der Kinder ab, bis im Jahre 1894 ihre niedrigste Zahl erreicht ist, wo nämlich auf 1000 junge Leute nur 20 Kinder kommen, woraus zu sehen ist, dass, obgleich eine Zunahme der Kinder bis 1892 stattgefunden hat, doch die Zunahme bei den jungen Leuten noch bedeutender war, und zwar hauptsächlich seit 1890, wo die Kinder den bei weitem gröfsten Teil der Abnahme bilden.

Was die Verteilung nach Geschlechtern angeht, so hat bei den jugendlichen Arbeitern überhaupt die Beschäftigung der Knaben den gröfsten Umfang angenommen. Diese Erscheinung hat auch eine zunehmende Tendenz, wie aus den Verhältniszahlen zu sehen ist. Da kommen im Jahre 1884 von 1000 jugendlichen Arbeitern 641 auf die Knaben und 359 auf die Mädchen; dagegen im Jahre 1895 659 auf die Knaben und 341 auf die Mädchen, und mit Ausnahme der Jahre 1890—93, wo eine kleine Schwankung eintritt, ist diese Tendenz eine regelmäfsige. Die absoluten Zahlen waren 1884 98 955 Knaben und 55 404 Mädchen, oder etwa 43 551 Knaben mehr. Diese Zahlen waren am höchsten im Jahre 1890, als 156 008 Knaben und 85 729 Mädchen, oder 70 279 Knaben mehr als Mädchen beschäftigt waren.

Bis 1895 gingen diese Zahlen zurück, und in jenem Jahre betrug die Zahl der Knaben 146 110 und die der Mädchen 75 639, so dafs immer noch 70 471 Knaben mehr als Mädchen vorkamen. Also ist der Rückgang bei der weiblichen Jugend gröfser als bei der männlichen, wie die obigen Verhältniszahlen andeuten. Dies stellt sich noch etwas deutlicher dar, wenn man nach Verhältniszahlen in einer andern Richtung diese Entwickelung betrachtet. Dabei ist bei den Knaben auf 1000 eine allmähliche Zunahme bemerkbar, welche ihre gröfste Höhe im Jahre 1890 erreichte, wo sie sich auf 1575 gesteigert hatte; die Steigerung beträgt also in diesen Jahren 58 %. Darauf tritt ein Rückgang ein, welcher seine niedrigste Stufe im Jahre 1894 erreichte, wo auf 1000 im Jahre 1884 1476 Knaben kamen: es war demgemäfs gegenüber dem Jahre 1890 ein Rückgang von 9,92 % zu bemerken, der im folgenden Jahre 1895 noch eine Vermehrung erfuhr.

Bei den Mädchen ist die Steigerung nicht so grofs; sie hat wie bei den Knaben ihren höchsten Punkt im Jahre 1890 erreicht. Nachher nimmt die Zahl der Mädchen mit einigen Schwankungen ab, bis sie im Jahre 1894 am niedrigsten ist und dann 1297 auf 1000 in dem Jahre 1884 beträgt. Im Jahre 1895 ist eine Vermehrung zu bemerken. Bei den Mädchen ist demnach in Verhältniszahlen die Steigerung nicht so grofs, wie bei den Knaben, der Rückgang dagegen noch gröfser gewesen.

Um diese Schwankungen nach Geschlechtern klarer darzuthun, ist es nötig, die jugendlichen Arbeiter nach Altersklassen zu untersuchen. Bei den Kindern ist ein unbestimmtes Zahlenverhältnis zwischen Knaben und Mädchen wahrzunehmen. Doch ist ein Knabenüberschufs vorhanden, welcher im Jahre 1892 am erheblichsten war, und zwar kamen im Jahre 1884 auf 1000 Kinder überhaupt 630

Knaben und 370 Mädchen. Nachher ging der Knabenüberschufs zurück bis 1895, wo auf 1000 Kinder 617 Knaben und 383 Mädchen kommen. Also ist bei den Kindern die relativ gröfsere Steigerung sowie auch die relativ kleinere Verminderung bei den Mädchen zu beobachten, und zwar kommen auf 1000 im Jahre 1884 1463 Mädchen gegenüber 1450 Knaben im Jahre 1890, was die höchste Steigerung in beiden Geschlechtern darlegt. Dann tritt eine Abnahme unter beiden Kategorien ein, welche am stärksten bei den Knaben war, und zwar kommen auf 1000 im Jahre 1884 im Jahre 1895 224 Knaben und 237 Mädchen.

Bei den jungen Leuten ist ein ziemlich gleichmäfsiges Verhältnis zwischen den beiden Geschlechtern wahrzunehmen, und zwar kommen auf 1000 im Jahre 1884 643 Knaben und 357 Mädchen, im Jahre 1892 etwas mehr Knaben, und zwar auf 1000 überhaupt 669 Knaben und 331 Mädchen; damit ist der erheblichste Knabenüberschufs während der in Betracht gezogenen Jahre bezeichnet.

Nach einem Rückgang im Jahre 1893 und 94 steigen die Zahlen im Jahre 1895 bis zu 660 Knaben und 340 Mädchen. Die relative Zunahme ist bei den Knaben etwas etwas gröfser als bei den Mädchen, und zwar kommen auf 1000 im Jahre 1884, im Jahre 1895 bei diesen 1527, bei jenen 1647; also ist während der ganzen Periode die Vermehrung bei den Knaben etwa 12% gröfser. Diese Steigerung ist bei den letzteren ziemlich gleichmäfsig fortschreitend, mit Ausnahme des Jahres 1894, wo ein unbedeutender Rückgang eintritt. Dagegen ist bei den Mädchen die gröfste Vermehrung im Jahre 1890 wahrzunehmen, nachher tritt eine schwankende Verminderung ein, welche 1892 die niedrigste Zahl erreicht, und zwar kommen hier auf 1000 im Jahre 1884, 1559 im Jahre 1890 und 1411 im Jahre 1892, was die gröfste Vermehrungs- und Verminderungszahl bezeichnet. Im Jahre 1895 kamen 1527 auf 1000 im Jahre 1884, was eine bedeutende Steigerung seit 1892 beweist.

Diesen Erscheinungen liegen zwei Momente hauptsächlich zu Grunde und zwar:

1. Ein erheblicher Umschwung in der Textilindustrie sowohl als in den Industrien der Nahrungs- und Genufsmittel, Bekleidung und Reinigung und in anderen Industrien, in denen ein Mädchenüberschufs vorhanden ist.

2. Der Rückgang bei den Mädchen war geringer, weil verhältnismäfsig ein gröfseres Angebot ihrer Arbeitskraft der Industrie zur

Verfügung steht, als es bei den Knaben der Fall ist, und weil ferner in manchen Gegenden die Schulpflicht bei den Mädchen kürzer ist, als bei den Knaben.

2. Kapitel. Allgemeine Ursachen für die Schwankungen in der Zahl der jugendlichen Arbeiter.

Wie oben angedeutet ist, liegen den Schwankungen unter den jugendlichen Arbeitern zwei Hauptmomente zu Grunde, nämlich die Geschäftslage und die gesetzlichen Schutzbestimmungen. Dazu kommen noch andere Momente, welche, obgleich sie von geringerer Bedeutung sind, doch einen Einfluſs auf die Kinderbeschäftigung ausüben, und zwar das Lehrlingswesen, die Art der Aufsicht der Gewerbeinspektion, die Erhebungsart, das Schulwesen, Verbesserung des Fabrikationsprozesses, der Mangel an erwachsenen Arbeitern u. dergl.

Die Wirkung der allgemeinen Geschäftslage auf die Beschäftigung der jugendlichen Arbeiter kommt zum erstenmal zu Anfang der achtziger Jahre zum Ausdruck. Die Arbeitgeber hatten die durch die Novelle von 1878 verursachten Schwierigkeiten ziemlich überwunden, und die Bewegung, welche später in der Novelle von 1891 sich ausdrücken sollte, hatte noch nicht angefangen.

Von 1880—1884 hat die Geschäftslage sich in einzelnen Industrien sowie Landesteilen verschlechtert, dagegen kommt in anderen eine entgegengesetzte Erscheinung zum Ausdruck. Doch ist im allgemeinen eine verbesserte, obgleich wohl keine lebhaftere Geschäftslage in denjenigen Industrien zu berichten, in welchen jugendliche Arbeiter beschäftigt waren. In den Jahren 1885 und 1886 ist eine Tendenz zur Besserung im allgemeinen noch wahrzunehmen, und sie bringt eine allmähliche Steigerung der Zahl der jugendlichen Arbeiter mit sich. Doch diese Steigerung ist keine gleichmäſsige in allen Industrien, sondern eine Heranziehung der jugendlichen Arbeiter in einigen Betrieben Lohnersparnis halber, während man in anderen zu Gunsten der weiblichen Bevölkerung jugendliche Arbeiter aufgegeben hat (Mitteil. 1885 p. 18).

Die geringe Vermehrung während dieses Jahres (1885) steht aber im gleichen Verhältnis zu der Vermehrung der Anlagen und der Arbeiter überhaupt, woraus man schlieſsen kann, daſs die bessere

Geschäftslage zu einer Vermehrung der jugendlichen, sowie auch der anderen Arbeiter geführt hat (Mitteil. 1885 p. 18—19).

Dieselbe Erscheinung ist noch während des Jahres 1886 zu beobachten, und im allgemeinen entspricht die Vermehrung der jugendlichen Arbeiter der steigenden Arbeiterzahl überhaupt. Diese Vermehrung ist aber nicht eine gleichmäfsige; man findet sie teilweise in Brandenburg, Königreich und Provinz Sachsen, Hannover und Baden, bei den Kindern dagegen nimmt die Zahl derselben ab in Breslau, Liegnitz, Arnsberg, Köln, Koblenz und teilweise in Bayern.

Aufser der verbesserten Geschäftslage kommt in Betracht eine abnehmende Abneigung der Arbeitgeber gegen die Bitte der Arbeiter, ihre Kinder in die Arbeit zu nehmen, um dadurch in den Stand gesetzt zu werden, die Aufsicht über dieselben während der Arbeit auszuüben. Anfänglich wollten die Arbeitgeber jugendliche Arbeiter wegen der gesetzlichen Störungen überhaupt nicht anstellen, aber mit der Zeit und verbesserten Geschäftslage wurden sie in dieser Beziehung weniger streng; daher kommen allmählich die Einstellungen von Kindern, sowie jungen Leuten häufiger vor. Zuerst vielleicht weniger in der eigentlichen Fabrikarbeit, also zum leichten Handreichen u. dergl. (Mitteil. 1886 p. 21).

Die weniger lebhafte Geschäftslage der Glas-, Bergbau- und Hüttenindustrie, sowie der Metallverarbeitung hat eine erhebliche Wirkung auf die Zahl der jungen Leute ausgeübt, welche während des Jahres 1886 etwas zurückgegangen ist. In einigen Bezirken hat auch eine Vermehrung stattgefunden, welche hauptsächlich mit der Einstellung von Lehrlingen zusammenhängt.

Im allgemeinen darf man sagen, dafs die schlechte Lage der Industrie, welche in den Jahren 1883 und 1884 herrschte, teilweise sich auch auf 1885, weniger auch auf 1886 erstreckte, Überproduktion der früheren Jahre von 1883 bis 1884, welche einen Rückgang an Arbeitsgelegenheit verursachte, war insofern während des Jahres 1885 weniger fühlbar, als Arbeitsgelegenheit in gröfserem Mafs, aber bei gedrückten Preisen herrschte (Mitteil. 1885 p. 5). Im Jahre 1886 ist die Verbesserung der Geschäftslage allmählich weiter fortgeschritten, und mit dieser Verbesserung ist eine Vermehrung der jugendlichen Arbeiter eingetreten.

Die Wirkung der gesetzlichen Vorschriften ist während dieser Periode weniger bedeutsam. Die Novelle von 1878 hat zu einer Verminderung der Zahl der jugendlichen Arbeiter in einzelnen Bezirken geführt, aber nur in geringerem Mafse und vorzugsweise bei den

Kindern. Die Industrie hat sich schnell an die neue Ordnung gewöhnt, und die Klagen darüber sind gering. Doch haben sie in einzelnen Fällen zu Entlassungen geführt (Mitteil. 1885 p. 19 u. Mitteil. 1886 p. 18), wenn man nämlich den Zwang der Gewerbeordnung als unnötig betrachtete, oder wegen Betriebsprocefses, Schichtwechsels u. dergl. die Anwendung jugendlicher Arbeiter als unverhältnismäfsig störend ansah.

In einigen Bezirken (Posen) hat man eine noch strenger Aufsicht über den Schulbesuch eingeführt (Mitteil. 1886 p. 18), wodurch eine Verminderung der jugendlichen Arbeiter verursacht wurde.

Mit der ersten Hälfte des Jahres 1887 ist die Geschäftslage noch günstiger geworden, obgleich vielfach von „sehr scharfer Konkurrenz" die Rede war. Doch ist dies allmählich in den Hintergrund und eine wesentliche Steigerung der Geschäftsthätigkeit an die Stelle getreten, welche im Jahre 1888 noch zunahm. Das Geschäftsleben nimmt nun erst einen lebhaften Charakter an. Viele Betriebe, welche während der vorhergehenden Jahre nur mit Mühe sich halten konnten, werden jetzt voll beschäftigt. Dagegen ist bei der gesteigerten Nachfrage keine Überproduktion bemerkbar.

Dementsprechend ist eine allgemeine Vermehrung der Zahl jugendlicher Arbeiter schnell vor sich gegangen, obgleich seit dem Jahre 1888 in einigen Bezirken die Beschäftigung von Kindern allmählich zurückgegangen ist, und die Zahl der Kinder noch unerheblich abnimmt (Mitteil- 1888 p. 34). Diese Verminderung zeigt sich hauptsächlich in den Zündhölzerfabriken, Stickereien und Wirkereien (Mitteil. 1887 p. 44) und hängt mit der gesetzlichen Regulierung der Arbeitszeit zusammen. Dagegen ist eine Zunahme in den übrigen Betrieben wahrzunehmen.

Die jugendlichen Arbeiter finden hauptsächlich Verwendung in einigen Bezirken bei der Stickerei und der Vigognespinnerei, in der die „Fädelkinder" eine grofse Bedeutung erlangt haben; dabei hat die vermehrte Lebhaftigkeit, welche überhaupt in der Textilindustrie herrscht, eine Vermehrung der jugendlichen Arbeitskräfte in diesen Betriebsarten unmittelbar zur Folge.

Dazu kommt ein grofser Aufschwung der Zigarrenfabrikation, wie aus Westfalen, Hannover, Baden u. a. berichtet wird, (Mitteil. 1888 p. 42 u. 47) sowie auch in anderen Zweigen, z. B., denen der Nahrungs- und Genufsmittel. Der sich steigernde Geschäftsbetrieb in der Maschinenfabrikation vermehrt die Nachfrage nach männlichen Arbeitern dieser Art. Sogar die Zahl der jugendlichen Arbeiter in diesem Betrieb hat sich in Mittel- und Oberfranken verdoppelt, und noch gröfsere Vermehrungen werden aus anderen Bezirken berichtet (Mitteil. 1887 p. 45—46): „Sogar Schulkinder wurden, um die Deckung des Bedarfs zu erzielen, während ihrer Freizeit in einigen Betrieben zur Fabrikarbeit herangezogen". Letzteres geschieht hauptsächlich in der Zigarren- und Dütenindustrie (Mitteil. 1888 p. 48) und hängt unmittelbar von der Lebhaftigkeit der Geschäftslage in diesen Industrien ab.

Dafs die gesetzlichen Bestimmungen zu einem Rückgang in der Beschäftigung jugendlicher Arbeiter geführt haben, wird nicht betont, wohl aber das Gegenteil, dafs wo eine Abnahme vorliegt, dies nicht als eine Folge der gesetzlichen Bestimmungen zu betrachten ist. (Mitteil. 1888 p. 47). Dies ist zunächst daraus zu erklären, dafs die 10 Jahre nach der Novelle von 1878 zu einer allgemeinen Abneigung der Arbeitgeber gegen Kinderarbeit geführt haben, und wo dieselbe noch stattfand, man sich zu ihr entschlofs in dem klaren Bewufstsein, den gesetzlichen Beschränkungen nachzukommen. Sogar die Schwierigkeiten früherer Jahre waren jetzt nicht mehr als Schwierigkeiten zu betrachten.

„Die gesetzlich auf 6 Stunden festgesetzte tägliche Arbeitszeit ist wohl auch für Kinder in solchen Betrieben durchzuführen, in denen den Kindern eine bestimmte Arbeit, die sie allein zu verrichten im stande sind, zugewiesen werden kann; in Betrieben aber, in denen sie nur als Gehilfen für ältere Arbeiter sich nützlich machen können, kann die sechsstündige Arbeitszeit ohne Störung der Arbeit nicht innegehalten werden" (Mitteil. 1888 p. 45). Es ist auch hauptsächlich der Einflufs der günstigen Geschäftslage, welcher es den Arbeitgebern lohnend macht, diejenigen Beschäftigungsarten auszusuchen, in denen die Kinder am zweckmäfsigsten arbeiten können, und zu ihnen die Kinder heranzuziehen.

Dies führte aber zu einer Umwälzung unter den jugendlichen Arbeitern innerhalb der betreffenden Betriebe, einer Erscheinung, welche mehrfach vorgekommen ist.

Die Geschäftslage im Jahre 1889 beginnt mit demselben lebhaften Charakter, wie im vorhergehenden Jahre, und die Klagen über weniger günstige Absatzverhältnisse, sowie über den ungünstigen Einflufs, welchen die unter den Arbeitern hervorgetretene Bewegung hervorgerufen hatte, insbesondere auch über zeitweilige Betriebsstockungen und Erhöhung des Kohlenpreises, welche sonst in einigen Bezirken erhoben wurden, sind jetzt nicht zu hören (Mitteil. 1889 p. 21).

Aus mehreren Bezirken wird eine noch günstigere Lage berichtet, „selten könnte so andauernd, ohne irgend eine gröfsere Unterbrechung gearbeitet werden, wie es in diesem Jahre der Fall wäre; in vielen Fabrikationszweigen reichten die vorhandenen maschinellen Einrichtungen nicht aus, um den wachsenden Ansprüchen zu genügen, so dafs zumeist bedeutende Erweiterungen erforderlich würden. Die günstige Lage der Industrie rief zahlreiche Neubauten hervor, deren Errichtung durch den niedrigen Zinsfufs wesentlich erleichtert würde" (Mitteil. 1889 p. 21). Ähnliches wird unter anderem aus Potsdam, Frankfurt, Köln-Koblenz, Düsseldorf, Aachen, Trier, sowie teilweise aus Bayern und Sachsen berichtet. Der badische Aufsichtsbeamte behauptet, dafs man ohne Übertreibung sagen könne, „dafs die Steigerung der industriellen Thätigkeit eine gröfsere sei, als zu Anfang der siebziger Jahre" (Mitteil. 1889 p. 26). Im allgemeinen ist zu sagen, dafs in der Industrie eine aufserordentlich lebhafte Lage durch ganz Deutschland herrschte, die sich bis in die erste Hälfte des nächsten Jahres erstreckte. Dann schien die Geschäftslage einen weniger angestrengten Charakter zu zeigen, obwohl man kaum von einem Rückgange reden kann, da aus mehreren Gegenden die Einrichtung von neuen, sowie die Erweiterung von alten Betrieben berichtet wurde. In einigen Betrieben hat auch eine mehrfache Vermehrung der Arbeiterschaft stattgefunden (Mitteil. 1890 p. 19).

Doch ist die höchste Spitze des Geschäftsaufschwunges während des Jahres 1889 erreicht. In diesem Jahre berichtet man von der Umwandlung gewerblicher Anlagen in Aktienunternehmungen, sowie von dem Überhandnehmen vieler kleiner, zum Teil gänzlich ungeschulter Unternehmer, welche sich als Pächter in den grofsen Tuchfabriken niederlassen (Mitteil. 1889 p. 29).

Dagegen ist die Mackinley-Bill erst im Jahre 1890 zum richtigen Ausdruck gelangt und deswegen eine verringerte Produktion in der Quecksilberspiegelfabrikation Fürths sowie der Textilindustrie Bayerns und Württembergs wahrzunehmen (Mitteil. 1889 p. 22—25). Ebenso war durch die Arbeiteraufstände in den Kohlenbergwerken die gesamte Produktion benachteiligt.

Dementsprechend sieht man die gröfste Vermehrung unter den jugendlichen Arbeitern während der Jahre 1889 und 1890 vor sich gehen, eine Vermehrung, welche sich sowohl bei den Kindern, wie bei den jungen Leuten zeigt. Sie wird hauptsächlich durch die Ausdehnung der Textilindustrie und Zigarrenfabrikation (Mitteil. 1889 p. 38), sowie in kleinerem Mafse in der Metall- und Eisenindustrie möglich.

Die relative Vermehrung während dieser zwei Jahre bei den Kindern überhaupt ist etwas bedeutender, als bei den jungen Leuten, aber in mehreren Gegenden nicht so grofs, wie bei den erwachsenen Arbeitern, wie aus Sachsen mitgeteilt wird; dort hat das gesteigerte Einkommen viele Arbeiterfamilien in die Lage gesetzt, auf den Verdienst der Kinder verzichten zu können, und insofern hat eine gesteigerte Geschäftslage zur Abnahme der Kinder geführt: So hat z. B. in Bautzen und Dresden die Gesamtzahl der jugendlichen Arbeiter gegen das Vorjahr eine relativ weniger erhebliche Vermehrung erfahren, als die der Erwachsenen. Dagegen ist in anderen Gegenden wegen dieses Geschäftsaufschwunges ein Arbeitermangel eingetreten, welcher zu einem Heranziehen von Kindern in starkem Mafse führte, da die genügende Arbeitskraft geschafft werden mufste.

Während dieser Jahre mit lebhafter Geschäftsthätigkeit sind Klagen über Störungen durch die Schutzbestimmungen weniger zu verzeichnen, und obgleich Entlassungen von jugendlichen Arbeitern deswegen doch vorkamen, sind diese doch mehr als Ausnahmen zu betrachten und auch mit der gröfseren Leistungsfähigkeit der Erwachsenen in Verbindung zu bringen, welche an die Stelle der Kinder traten (Mitteil. 1889 p. 69). Eine Abneigung gegen Kinderarbeit liefs sich indes erkennen, und auf die Wiedereinstellungen von jugendlichen Arbeitern wurde in einigen Betrieben ganz verzichtet, wie z. B. in einigen württembergischen Zuckerfabriken und chemischen Betrieben, sowie in anderen dortigen Grofsbetrieben. Ähnliches zeigte sich in Sachsen-Weimar, Schwarzburg-Rudolstadt und Reufs j. L.; in letzterem Lande hat man sogar auf Kinderarbeit ganz verzichtet, obgleich ein teilweiser Mangel an Arbeiterinnen bei den dortigen Webereien und Färbereien sich fühlbar machte.

Ebenso hat man die gesetzliche Beschränkung der Arbeitszeit und die damit verbundene Beaufsichtigung als unüberwindbare Schwierigkeiten angesehen; es zeigt sich daher eine ähnliche Abneigung gegen Kinderarbeit auch in Posen, Mecklenburg-Schwerin und der Pfalz. Diese Bezirke spielen jedoch in der eigentlichen Kinderbeschäftigung keine grofse Rolle, und im allgemeinen kann man sagen, dafs seit 1878 die gesetzlichen Störungen am wenigsten während des Jahres 1888 fühlbar wirkten.

Die vielen Umstände, welche schon während des Jahres 1890 sich äufserten, waren während der Jahre 1891—1892 noch fühlbarer geworden. Die zollpolitischen Verhältnisse, die in früheren Jahren vielfach eingetretene Überproduktion, übergrofse Konkurrenz, mangelndes

Zutrauen im Kredit, das durch Kriegsunruhen in Südamerika hervorgerufen war, verursachten einen entschiedenen Rückgang in der Industrie überhaupt (Mitteil. 1890 p. 22). Eine weniger lebhafte Geschäftsthätigkeit wird gegenüber den vorhergehenden Jahren aus ziemlich allen Industrieteilen berichtet. Nicht dafs allgemeine Entlassungen der regelmäfsigen Arbeiter notwendig gewesen wären, sondern weil bei gedrücktem Lohn und kurzer Arbeitszeit zu gedrückten Preisen verkauft wurde. Doch auch Arbeitslosigkeit ist vielfach vorgekommen (Mitteil. 1891 p. 23), und zwar mehrfach bei den Erdarbeitern und sonstigen Arbeitern, die keine regelmäfsige Beschäftigungsart hatten, sondern infolge der guten Geschäftslage der vorhergehenden Jahre zur Arbeit in der Industrie herangezogen worden waren. Aus einzelnen Gegenden werden auch Arbeiterentlassungen gemeldet, u. a. aus Schleswig, Hannover, Aachen, Trier, Chemnitz, Dresden, Freiberg u. a., obgleich nur als vereinzelte Vorkommnisse. Zu diesen gedrückten Verhältnissen kommt dann noch die Choleraepidemie von 1892 und ein bedeutender Wassermangel hinzu.

Besonders wurde die Textilindustrie von diesem Rückgang getroffen, erstens durch die allgemeine Überproduktion und zweitens durch die amerikanische Zollpolitik. In einigen Gegenden wurden Arbeiterentlassungen nötig, doch wurde vielfach bei kürzerer Arbeitszeit, also bei 8 Stunden, gearbeitet (Mitteil. 1892 p. 34), oder es wurde am Sonnabend gar nicht gearbeitet. In anderen Betrieben dieser Industrie waren weniger Klagen über Mangel an Aufträgen, als über die niedrigen Preise derselben hervorzuheben.

Dagegen wird behauptet, in einigen Industrien und Gegenden (Kgr. Sachsen und Württemberg) sei eine Besserung der Geschäftslage während der zweiten Hälfte des Jahres 1892 zu empfinden gewesen (Mitteil. 1892 p. 27).

Während der oben erwähnten Jahre ist ein erheblicher Rückgang in der Zahl der beschäftigten jugendlichen Arbeiter aus den Tabellen ersichtlich, doch hängt dies nicht in dem Mafse mit der Geschäftslage zusammen, wie dies in den früheren Jahren zu erkennen war. Und zwar liegt dieses Moment der Abnahme der jugendlichen Arbeiter zu Grunde u. a. in Pommern, Düsseldorf, Aachen, Trier, Zwickau und Baden, wogegen in anderen die gesetzlichen Bestimmungen als die wichtigeren hervorgehoben werden (Mitteil. 1892 p. 42).

Das Arbeiterschutzgesetz erlangte während dieser Periode gröfsere Bedeutung: erstens, weil der Rückgang des Geschäfts es mehr zum

Ausdruck brachte, zweitens, weil die Einführung neuer Bestimmungen die gesetzlichen Beschränkungen verschärfte. Was das erstere Moment angeht, so ist mit dem Rückgange des Betriebs die Schwierigkeit der Anwendung jugendlicher Arbeiter deutlicher zum Ausdruck gelangt. Das Zusammenarbeiten von Erwachsenen und jungen Arbeitern liefs sich nicht so zweckmäfsig regulieren, und daher wurden des Gesetzes wegen vielfach die jugendlichen Arbeiter entlassen. Von einer zunehmenden Abneigung der Arbeitgeber gegen die Beschäftigung jugendlicher Arbeiter wird u. a. aus Merseburg-Erfurt, Schleswig, Hannover, Köln-Koblenz, Oberbayern, Freiberg, Oppeln und Dresden berichtet (Mitteil. 1891 p. 54, 55; Mitteil. 1892 p. 56); in einigen Betrieben hat man die Entlassung der jugendlichen Arbeiter ohne weiteres für nötig gehalten, so z. B. in Düsseldorf (Mitteil. 1891 p. 49), Barmen (Mitteil. 1892 p. 50) und Reufs j. L. (Mitteil. 1892 p. 47). Dazu kommt auch unter den vernünftigeren Eltern die Neigung, lieber ihre Kinder bis zum vollendeten 14. Jahre im Hause zu behalten und auf ihren sehr geringen Verdienst zu verzichten (Mitteil. 1891 p. 54, Aachen, Trier). Doch sind die Bestimmungen des neuen Gesetzes noch nicht zum richtigen Ausdruck gekommen, ihre Folgen werden sich daher erst in späteren Jahren ersehen lassen.

Trotz der Hoffnung auf Besserung, welche sich während der zweiten Hälfte des Jahres 1892 ausdrücken liefs, ist die allgemeine Geschäftslage Deutschlands während des Jahres 1892 noch schlechter geworden. In einigen Industriezweigen hat man keine Verminderung der Arbeiterzahl beobachtet, aber im allgemeinen ist in allen Landesteilen von Arbeitsmangel die Rede. Dieser Mangel schien zunächst durch die unvorteilhaften Zollverhältnisse Rufslands (Mitteil. 1893 p. 60), ungünstigen Absatz nach Amerika (Mitteil. 1893 p. 208), sowie die Umstände verursacht, welche sich erst während der vorhergehenden Jahre geäufsert hatten. Die Arbeitgeber sahen sich in der Lage, entweder ihre Arbeiterschaft möglichst einzuschränken, oder die Arbeitsbedingung in Bezug auf Lohn oder Zeit möglichst zu verringern. Die Arbeitslosigkeit nahm mit der Zeit erheblich zu und umfafste jetzt nicht nur die vorübergehend Beschäftigten, sondern alle Arten Arbeiter, obgleich man versuchte, in manchen Fällen die besser ausgebildeten und überhaupt den alten Arbeiterstamm beizubehalten. Doch war dies nicht immer möglich, besonders da, wo Konkurs vorlag. In einigen Ziegeleien und baugewerblichen Betrieben behauptete man eine Besserung der Geschäftslage während des Frühjahrs zu bemerken, aber dieselbe war nur von einer kurzen Dauer, und im August wurden dort beschäftigte Arbeiter mit unter die Arbeitslosen gerechnet (Mitteil. 1893 p. 208). Eine Kürzung der Arbeitszeit lag ziemlich allgemein vor, aus mehreren Gegenden wurde sogar von einer 6—8 stündigen Arbeitszeit berichtet. Ganz dem entsprechend wurde der Arbeitslohn mehrfach herabgesetzt (Mitteil. 1893 p. 207, 208, 209, 349).

Demgegenüber war, was für die jugendlichen Arbeiter besonders von Bedeutung, eine teilweise Besserung in der Textilindustrie wahrnehmbar, welche etwa gegen Herbst 1892 begann und vorwiegend die Baumwollspinnerei und Weberei, daneben auch Jutespinnerei und -weberei, Leinen- und Halbleinenweberei traf (Mitteil. 1893 p. 134); man berichtet sogar von einem örtlichen Mangel an weiblicher Arbeitskraft (Mitteil. 1893 p. 207, Minden). Eine ähnliche Besserung der Geschäftslage wurde auch in der Kleidungs- und Reinigungs- (Wäschefabrikation) Industrie bemerkbar, und die Gegenden, in denen diese Industrien blühten, pflegten keine wesentlichen Änderungen in der Arbeiterzahl zu beobachten.

Dementsprechend ist eine zweifache Wirkung der Geschäftslage auf die jugendlichen Arbeiter zu beobachten, und zwar:

1. eine Entlassung in denjenigen Betrieben, welchen Aufträge gemangelt hatten, wo man infolgedessen die weniger leistungsfähigen Arbeiter zunächst entliefs und die besseren beibehielt; so z. B. wird die Verminderung der jugendlichen Arbeiter Oppelns daraus erklärt, dafs „bei vermindertem Arbeitsbedarf die Werke die verheirateten und älteren Arbeiter thunlichst zu halten suchten und zunächst die jüngsten entliefsen" (Mitteil. 1893 p. 60).

2. eine Vermehrung derselben in denjenigen Gegenden, in denen die Textilindustrie und andere Betriebe sich einer verhältnismäfsig besseren Geschäftslage erfreut hatten. Was das erstere Moment betrifft, so war weniger Entlassung zu erwarten, weil schon im Jahre 1891—92 die Geschäftslage derart war, dafs sie Entlassungen unter denjenigen jugendlichen Arbeitern verursachte, welche in der Reihe der weniger leistungsfähigen waren, und daher während des Jahres 1893 weniger zu entlassen übrig blieben. Andere Momente sind hierbei noch nicht in Betracht gezogen, wie z. B. Lehrlingswesen, Arbeiterstamm u. dergl. Daher erwartete man während dieses Jahres (1893) eine geringere Verminderung der jugendlichen Arbeiter, als in den vorhergehenden Jahren.

Bedeutender in ihrer Wirkung waren die gesetzlichen Bestimmungen für die Verminderung der Zahl der jugendlichen Arbeiter. Im allgemeinen sahen die Arbeitgeber diese Maſsregeln als lästig an, was auch in einigen Fällen der Wahrheit entspricht. Die Schwierigkeiten sowohl des Aushängens, Anfertigung von Verzeichnissen etc., als auch das Unterwerfen des Betriebs unter die besondere Kontrolle der Aufsichtsbeamten wurden vielleicht übertrieben dargestellt (Preu. 1893 p. 29), doch waren sie, wenn man die Geschäftslage in Betracht zieht, als Schwierigkeiten für die Anwendung jugendlicher Arbeiter zu betrachten. Dazu kamen auch bei einer andersartigen Regulierung der Arbeitszeit, der Pausen etc., wodurch das Zusammenarbeiten von jugendlichen und älteren Arbeitern bedingt wird, erhebliche Schwierigkeiten. Also konnte die jugendliche Arbeitskraft weniger vorteilhaft angewandt werden. Dagegen waren nur die wenigsten Betriebe im stande, den jugendlichen Arbeitern vollständige Arbeiten zu überlassen. Besonders war dies der Fall bei Kindern, deren Arbeitszeit nicht über 6 Stunden hinaus verlängert werden darf; daher wurde eine Abneigung gegen die Kinderarbeit aus allen Teilen Deutschlands berichtet (Mitteil. 1893 p. 65).

Diese Erscheinung hatte zur Folge, daſs für die Kinder sogar nach Beendigung der schulpflichtigen Zeit die Erlangung einer Beschäftigung sehr erschwert wurde, so z. B. war in München von den im Juli 1893 aus der Werktagsschule entlassenen Knaben nahezu ein Drittel bis tief in den Herbst hinein in jenem Jahre ohne Arbeit und Stelle und selbst von den im Juli 1892 entlassenen Knaben waren im Oktober 1893 noch 304 ohne bestimmte Beschäftigung (Mitteil. 1894 p. 51).

Nun sollte man denken, daſs bei der schlechten Geschäftslage die billige Kinderarbeit am vorteilhaftesten zur Verwendung kommen könnte; im Gegenteil, es wird berichtet, daſs die Arbeitgeber auf den Vorteil, der ihnen durch Lohnersparnis aus der Beschäftigung jugendlicher Arbeiter erwachsen könnte, verzichten müſsten, da die Störung im Fabrikbetriebe, welche durch die Beschränkung der Arbeitszeit der unter 16 Jahre alten Personen hervorgerufen würde, es ihnen unmöglich machte, unverhofft eingehende Aufträge mit kurzer Lieferfrist, die eine möglichst vollständige Ausnutzung aller Betriebseinrichtungen bedingen, zu übernehmen (Wurzen, Mitteil. 1893 p. 62).

Dazu kommen auch bei einzelnen Betriebsarten: Spinnereien, Hammerwerken, Zuckerfabriken, Bergwerken u. dergl. besondere Schwierigkeiten durch die Einrichtung von vorschriftsmäſsigen Betriebsbedingungen, welche gröfsere Kosten verursachen, als der dadurch entstehende Vorteil erzielt (Mitteil. 1893 p. 63—64 und 116, Preu. 1893 p. 59).

Aufserdem war wegen der schlechten Geschäftslage eine grofse Anzahl von über 16 Jahre alten Arbeitern beiden Geschlechts vorhanden, die verhältnismäfsig nicht viel gröfsere Lohnsätze beanspruchten, als die jugendlichen. Diese Umstände führten zu einem Rückgange in der jugendlichen Arbeit überhaupt, welcher gröfstenteils auf den Entlassungen der Kinder beruhte.

Die gedrückte Geschäftslage des Jahres 1893 findet keine Besserung im Jahre 1894. Dagegen nimmt die Zahl der Städte ab, in denen keine erheblichen Arbeiterentlassungen vorgekommen sind. Die Arbeitslosigkeit ist sogar eine allgemeine geworden und bei den traurigen Zuständen haben die städtischen und öffentlichen Beamten, Aufsichtsbeamte, Landräte, Handelsminister (Mitteil. 1894 p. 215—217) u. a. eingreifen müssen, um die vorhandene Arbeitsgelegenheit möglichst auszunutzen, oder neue Arbeitsgelegenheiten zu schaffen: Dies war möglich z. B. bei neuen Strafsenbauten mit Zerschlagen von Steinen für Landstrafsen, bei Reinigung der städtischen Strafsen von Schnee und Eis etc. (Mitteil. 1894 p. 217).

Doch diese Bestrebungen hatten nur teilweise Erfolg, und da, wo der Rückgang der Arbeitsgelegenheit in dem einen Gewerbszweige durch gesteigerte Nachfrage nach Arbeitskräften in dem andern aufgewogen wurde, haben mehrfach auch gelernte Arbeiter infolge des schwierigen Übergangs von einem Berufszweige zu einem andern unter zeitweiser Arbeitslosigkeit zu leiden gehabt (Mitteil. 1894 p. 215). Daher zählen unter die Arbeitslosen nicht nur die Gelegenheits- und Campagnearbeiter, sondern alle Arten.

Dies zeigt sich auch an der Häufigkeit der Versammlungen von Arbeitslosen, in denen Resolutionen beschlossen wurden, welche ausreichende Abhilfe von den zuständigen Behörden forderten (Mitteil. 1894 p. 217).

Zu diesen schon in Arbeitslosigkeit stehenden kommt noch eine grofse Zahl von Arbeitern, die beim Bau des Nord-Ostsee-Kanals keine Arbeit mehr finden konnten und auch bei den Werftarbeiten keine Beschäftigung fanden, so dafs mit dem beginnenden Winter die Arbeitslosigkeit entschieden von grofsem Umfang war.

Mit Ausnahme der Eisenindustrie Oppeln ist keine Besserung unter den verschiedenen Betrieben zu bemerken, sondern die Lage ist mehr eine schwankende. „Es machte sich dies nicht nur durch den Ausfall von Arbeit und sehr niedrige Löhne fühlbar, sondern wurde noch dadurch sehr drückend für Arbeitgeber wie -nehmer dafs die Aufträge immer nur für kurze Fristen bestellt waren, so dafs die Arbeit zeitweise unendlich drängte, nach beendigtem Auftrag aber verminderte Arbeit oder Arbeitslosigkeit eintrat." Ähnliche Vorkommnisse werden in zahlreichen Betrieben als besonders nachteilig in ihren Wirkungen angesehen. Bei möglichst kurzen Ablieferungsterminen werden grofse Bestellungen gemacht, die in ihren Forderungen zu weit gehen und u. a. in den Maschinen- und Kesselfabriken als eine wahre Kalamität empfunden werden (Mitteil. 1894 p. 221—222).

Dabei ist eine grofse Umwälzung unter den Arbeitern zu erkennen, wie aus den statistischen Angaben sich ersehen läfst. Sogar die zeitweilige Verbesserung in der Textilindustrie, welche im Herbst des vorigen Jahres eintrat, hat zu einer flauen Zeit im Jahre 1894 geführt; die Arbeiter wurden dadurch in ihrem Verdienst gekürzt und mufsten oft halbe Tage auf Arbeit warten. Von Entlassungen ist vielfach die Rede, verbunden mit Schwierigkeiten, an anderer Stelle lohnende Arbeit zu finden; aus Chemnitz wird sogar von brotlosen Textilarbeitern berichtet, welchen bei Eisenbahnbauten Arbeitsgelegenheit geboten wurde (Mitteil. 1894 p. 218).

Die Arbeitszeit wurde, wie im vorhergehenden Jahre, vielfach verkürzt; in mehreren Betrieben wurde die Dauer des Geschäftsganges auf einige Monate herabgesetzt. (Mitteil. 1894 p. 219); in anderen Betrieben, namentlich in den für den Export arbeitenden, begegnet man einer Beschränkung der Arbeitszeit auf eine geringere tägliche Stundenzahl, oder auf 3—4 oder 5 Wochentage (Mitteil. 1894 p. 224). Auch eine Herabsetzung des Lohnes kommt häufig vor (Mitteil. 1894 p. 224).

Diese Umstände waren für die jugendlichen Arbeiter ebenso nachteilig, wie für die übrigen Arbeitsklassen; daher wird aus einzelnen Bezirken dies als der Hauptgrund für die Abnahme derselben angegeben (Düsseldorf, Mitteil. 1894 p. 49). Gegenüber dem vorhergehenden Jahr war auch die Arbeitsgelegenheit durch den Stillstand und die schlechte Lage der Textilindustrie noch knapper geworden. Ähnlich war es in der Maschinenindustrie und anderen Betrieben, in denen die Lage während dieses Jahres ihren niedrigsten Punkt erreicht hatte. Auch hatte dieser allgemeine Rückgang zur Folge, dafs manche der gesetzlichen Bestimmungen, welche sonst nicht als lästig betrachtet worden waren, jetzt bei der gedrückten Geschäftslage als unüberwindlich angesehen wurden und daher Entlassungen der jugendlichen Arbeiter veranlaſsten. Die überwiegende Zahl der Aufsichtsbeamten indes führt die Abnahme unter den jugendlichen Arbeitern darauf zurück, daſs, wie es während des vorhergehenden Jahres der Fall war, die Erfüllung der Schutzbestimmungen nach Ansicht vieler Gewerbetreibenden zu lästig sei, weshalb sie die Beschäftigung jugendlicher Arbeiter überhaupt aufgaben und an ihrer Stelle „die ungelernten Arbeiter über 16 Jahre zu annähernd demselben Lohne erhalten" (Mitteil. 1895 p. 50); eine Erscheinung, welche wohl durch die gedrückte Geschäftslage hervorgerufen ist.

In Bezug auf die Beschäftigung von Kindern schien keine Änderung einzutreten, die minimale Beschäftigung derselben hat vielmehr während 1894 stattgefunden. Besondere Erscheinungen kommen während des Jahreslaufs nicht vor; dagegen führt man die Verminderung der jugendlichen Arbeiter auf dieselben Ursachen zurück, welche während des Jahres 1893 von Gewicht waren. Vielleicht kommen die auf Grund des § 139a der Gewerbeordnung erlassenen Bekanntmachungen noch stärker in ihrer Wirkung zum Ausdruck und führen daher zu einer noch bedeutenderen Verminderung in einzelnen Betrieben, als dies während des Jahres 1893 der Fall war.

So war man in den ausgegriffenen Betrieben, welche eine Verminderung der jugendlichen Arbeiter herbeigeführt hatten, besonderen Schwierigkeiten ausgesetzt; man hatte z. B. in der Glashütte besondere Schwierigkeiten bei der ärztlichen Untersuchung der jugendlichen Arbeiter empfunden (Mitteil. 1894 p. 76). Ebenso haben in den Spinnereien die Unternehmer von der vorgeschriebenen Aufstellung des „Wolfes" in gesondertem Raume Abstand genommen, weil dadurch öfters erhebliche Umbauten und damit verbundene Unkosten verursacht wurden (Mitteil. 1894 p. 78).

Was für dieses Jahr auch vielleicht besonders hervorzuheben ist, ist eine allgemeine Unkenntnis der Ausnahmebestimmungen, welche die gesetzlichen Beschränkungen im allgemeinen bei bestimmten Konjunkturen zu mildern suchten und in der Bekanntmachung vom 27. April 1893 hervorgehoben waren. Daher ist in einigen Fällen ohne Zweifel eine Abneigung gegen die Heranziehung von Kindern vorhanden, die thatsächlich mit den folgenden Jahren und der Kenntnis der Bestimmungen verschwunden ist (Mitteil. 1895 p. 79—84). Dies beispielsweise ist häufig der Fall bei den Ziegeleien, wo es sich um Betriebsmeister handelt, die aus dem Arbeiterstande hervorgegangen sind und öfters nicht die notwendige Kenntnis haben, die Bekanntmachungen zu verstehen, oder ihre Erleichterungen vorteilhaft auszunutzen.

In Bezug auf die Beschäftigung von Kindern überhaupt ist kein zunehmender Einfluſs eingetreten, sondern es wird aus der Mehrzahl der Bezirke eine steigende Abneigung gegen dieselbe berichtet. Dazu kommt eine zunehmende Heranziehung von Kindern in der Hausarbeit und in „kleinen Ortschaften werden Kinder mit zu landwirtschaftlichen Arbeiten, bei Bauten, als Laufjungen etc. herangezogen" (Mitteil. 1894 p. 5).

Der Rückgang, welcher mit den 80er Jahren sich in der Industrie geäuſsert hatte, scheint seinen niedrigsten Punkt während des Jahres 1894 erreicht zu haben. Die damalige ungünstige Lage läſst sich auch während des Jahres 1895 noch im Frühjahr bemerken, wenn auch in geringerem Maſse, und mit der Zeit ist eine entschiedene Besserung zu erkennen. An die Stelle der Arbeitslosigkeit und des Arbeitsmangels des vorhergehenden Winters ist sogar in mehreren Gegenden ein ausreichendes Angebot der Arbeit getreten, um den während des Sommers beschäftigt gewesenen Arbeitern auch noch eine Winterarbeit gewähren zu können (Mitteil. 1895 p. 344).

Demgemäſs wird aus der überwiegenden Zahl der Aufsichtsbezirke von einer zunehmenden Zahl der beschäftigten Arbeiter berichtet. In einzelnen Bezirken hat zwar eine Änderung überhaupt nicht stattgefunden, oder ist sogar eine Verminderung der Arbeiterzahl zu erkennen; im allgemeinen hat jedoch während des Jahreslaufes die Arbeiterzahl zugenommen.

Auch wurden gröſsere eingehende Aufträge von manchen Industriezweigen angenommen und zwar in solchem Maſse, daſs eine längere Beschäftigungsdauer erreicht werden konnte; so z. B. war in der Gruppe der Maschinenwerkzeuge, Holz- und Schnittstoffe und in der Porzellanindustrie eine auffallende Besserung gegenüber den vorigen Jahren zu erblicken. Eine Königsberger Maschinenfabrik z. B. ist mit Aufträgen so vollauf versehen, daſs sie bis in die Sommermonate 1896 besetzt ist und die Arbeiter zum Teil mit Überstunden arbeiten läſst (Mitteil. 1895 p. 341, 332—335).

Allerdings trifft dies nur in einzelnen Betrieben und Gegenden zu, welche teilweise durch die neue russische Politik begünstigt waren; aber es ist daraus schon eine bessere Lage der Industrie gegenüber den vorhergehenden Jahren zu ersehen, obgleich dieselbe noch nicht einen regelmäſsigen Charakter hat, da vielfach auf zu kurze Lieferfrist bestellt wurde: „Dadurch drängt sich zu viel in der Periode des Bedarfs zusammen und die Folge ist der Zwang zur Überstundenarbeit und Mangel an Stetigkeit in der Beschäftigung" (Mitteil. 1895 p. 388);

Eine Arbeitslosigkeit ist daher teilweise dennoch zu erwarten und wird auch aus mehreren Gegenden berichtet, sie ist aber ihrem Charakter nach weniger allgemein, als während der vorhergehenden Jahre und zeigt eine Neigung, abzunehmen. Auch wird ein Ausgleich zwischen Arbeitsangebot und -nachfrage in der Mehrzahl der Bezirke beobachtet und sogar in mehreren Gegenden über Mangel an Arbeitskraft geklagt (Mitteil. 1895 p. 339).

In Bezug auf die Arbeitsbedingungen ist keine wesentliche Änderung zu erkennen. Die Arbeitszeit ist mit Ausnahme der Überstunden vielfach dieselbe wie während des vorigen Jahres und in vielen Betrieben herrschte noch eine zehn- resp. achtstündige Arbeitszeit. Dabei ist die Arbeitsdauer regelmäfsiger geworden (Mitteil. 1895 p. 358). Ebenso hat das Lohnverhältnis keine wesentliche Erhöhung erfahren, sondern man behauptet, dafs die Unternehmer noch in einer schwierigen Lage waren, wegen des Verlusts der vorigen Jahre. Indessen zeigen Arbeit, Lohn und Zeit eine steigende Tendenz (Mitteil. 1895 p. 640).

An der allgemein aufblühenden Geschäftslage nahm die Textilindustrie etwas weniger Anteil, vielleicht mehr die Spinnereien und Stickereien, dagegen ist bei den Webereien mehrerer Bezirke eine flaue Zeit noch wahrzunehmen. Mit dem Herbst hat jedoch die Lage dieser Industrie sich auch plötzlich gebessert (Mitteil. 1895 p. 53—59, 66—67, 206, 339, 495).

Dementsprechend hat auch eine Zunahme, welche durchgehends als Folge des allgemeinen geschäftlichen Aufschwungs bezeichnet wird, bei den jugendlichen Arbeitern stattgefunden. Man behauptet sogar in einigen Bezirken (Hamburg und Reufs j. L.) eine solche in stärkerem Mafse als bei den erwachsenen Arbeitern. Den gröfseren Anteil daran haben die jungen Leute gehabt, obgleich in einigen Betrieben auch Kinder in relativ höherem Mafse herangezogen werden.

Bei dieser Zunahme kommen hauptsächlich in Betracht die Textilindustrie, Nahrungs- und Genufsmittelindustrie, die Porzellanfabrikation und die Gruppe der Maschinen und Werkzeuge. In Bezug auf die Zunahme in der Textilindustrie wird hervorgehoben, dafs der Stickereibetrieb eine bedeutende Vermehrung erfahren hat, zu der ein teilweiser Mangel an weiblicher Arbeitskraft in mehreren

Gegenden, u. a. Münster, Minden, Oberfranken, Reufs ä. L., sowie mehreren Gegenden des Königreichs Sachsen hinzugekommen ist (Mitteil. 1894 p. 65, 339).

Nach Geschlechtern wird eine relativ gröfsere Zunahme bei der weiblichen, als bei der männlichen Jugend in einzelnen Bezirken (Hamburg p. 66, Erfurt und Bochum p. 67 Mitteil. 1895) beobachtet.

Die Wirkung der gesetzlichen Bestimmungen ist seit dem Erlafs der Novelle von 1891 während des Jahres 1894 am erheblichsten gewesen, dagegen haben im Jahre 1895 die Arbeitgeber sie als weniger störend angesehen, und in Lothringen und Baden behaupten die Aufsichtsbeamten, „dafs die gesetzlichen Vorschriften in den gröfseren Betrieben durchgeführt würden" (Mitteil. 1895 p. 65). Dies kann seinen Grund darin haben, dafs infolge der Geschäftslage die Arbeitszeit noch eine kurze ist und daher keine Schwierigkeiten empfunden werden, um die jugendlichen Arbeiter in den Plan der älteren Arbeiter einzuführen. Dagegen sind die Arbeitgeber in einzelnen Industrien noch der Heranziehung jugendlicher Arbeiter abgeneigt, was sogar in den einzelnen Gegenden deswegen zu einer Abnahme derselben geführt hat. Ihre Heranziehung ist besonders lästig u. a. bei der Eisenindustrie, in der infolgedessen die Arbeitgeber sich möglichst der polizeilichen Kontrolle zu entziehen bestrebt sind (Mitteil. 1895 p. 60).

Diese Abneigung zeigt sich noch stärker in Bezug auf die Beschäftigung der Kinder. In einer grofsen Anzahl der Aufsichtsbezirke kommt Kinderarbeit in Fabriken überhaupt nicht vor, in manchen anderen ist sie nur als Ausnahme zu betrachten, und man hat sogar schon die Behauptung aufgestellt, dafs die Kinderbeschäftigung in den deutschen Fabriken bald nicht mehr vorhanden sein werde (Mitteil. 1895 p. 70).

Die Abnahme der Kinder ist zweifelsohne eine Folge der gesetzlichen Beschränkungen, welche ihre Wirkung nach zwei Richtungen zeigten:

1. unmittelbar durch die Schwierigkeiten, welche sie der Heranziehung von Kindern auferlegt hatten,

2. mittelbar durch die Verlängerung der Dauer des Schulbesuchs.

Das erste Moment liegt der Abneigung der Arbeitgeber zu Grunde und wird da überwiegen, wo die sonstige Arbeitskraft nicht ausreichend war, um den Bedarf zu decken, so z. B. in der sächsischen Stickerei, wo Arbeitermangel herrschte.

Was das zweite Moment betrifft, so war nach dem § 135 das Verbot der Beschäftigung von Kindern ausgesprochen, die noch schulpflichtig waren, ungeachtet in welchem Alter sie standen. Zunächst trifft diese Bestimmung nur ausnahmsweise die Kinder über 14 Jahre und bezieht sich in den meisten Fällen lediglich auf Kinder, die noch im 13. Jahre stehen, also erst nach $1^1/_2$ Jahren beschäftigungsfähig sind. Mit der zunehmenden Abneigung der Arbeitgeber aber wurde es immer schwieriger für Kinder bei beschränkter Arbeitszeit eine Stelle zu bekommen; daher trieben sie sich öfters mit wachsender Roheit ohne Aufsicht in den Strafsen umher. Dies hatte zur Folge, dafs in manchen Gegenden ihre Schulpflichtigkeit verlängert wurde, um die Verrohung der Kinder zu verhüten, und zwar bis zur Vollendung des 14. Lebensjahres. In Gegenden Bayerns und Elsafs-Lothringen dauert die Schulpflicht sogar bis zum vollendeten 14. Jahre (Mitteil. 1894 p. 52; Mitteil. 1895 p. 71) und in Schleswig-Holstein für Knaben bis zum vollendeten 16. Jahre (Mitteil. 1893 p. 61), während in noch anderen Gegenden seitens der Eltern und und Arbeitgeber das Verlangen ausgesprochen wurde, dafs die 8jährige Schulpflicht eingeführt werden sollte.

Dazu kommt noch der Umstand der unbeschränkten Arbeitszeit in der Hausindustrie und Landwirtschaft, wo eine erhebliche Steigerung seit 1891 stattgefunden hat.

Demgemäfs ist die Behauptung der Erfurter Aufsichtsbeamten nicht ohne Grund, ja sie scheint der Wahrheit zu entsprechen, dafs in Zukunft Kinder nur ausnahmsweise in Fabriken zu finden sein würden.

Noch ein Moment, welches von Bedeutung ist, um Schwankungen in der Zahl der jugendlichen Beschäftigten herbeizuführen, ist die Änderung in den Betriebsprozessen. Diese Änderungen können zunächst nach zwei verschiedenen Richtungen stattfinden und zwar 1. durch anderweitige Zeitregulierung sowie 2. durch Verschiebung der Fabrikationsprozesse.

Was das erste Moment angeht, so hat man hauptsächlich diejenigen Umstände in Betracht zu ziehen, welche von Bedeutung sind, wenn einerseits nur während der Tageszeit und andrerseits Nacht und Tag gearbeitet wird. So z. B. wenn viel darauf ankommt bei Nacht- und Tagschichten zu arbeiten, so bringt dies für die beschränkte Arbeitszeit der jugendlichen Arbeiter unverhältnismäfsige Schwierigkeiten mit sich und eine Abneigung dagegen von reinem

Geschäftsstandpunkt, was bei den Betrieben, in denen nur zur Tageszeit gearbeitet wird, nicht in dem Mafse der Fall ist.

Die verschiedenen Bekanntmachungen, welche auf Grund des § 139 a der Gewerbeordnung erlassen sind, haben dies Moment hauptsächlich im Auge und versuchen durch ausnahmsweise Bewilligung von Nachtarbeit die Beschäftigung von männlichen jungen Leuten zu diesem Nachteil in besonderen ausgegriffenen Industrien zu vermeiden. Nach § 135 ist die Bewilligung von Ausnahmen bezüglich der Nachtarbeit von Kindern nicht gestattet.

Was das zweite Moment betrifft, so hat man zwischen noch zwei Umständen zu unterscheiden, nämlich:

1. der Verschiebung, welche mit dem Streben der Unternehmer zusammenhängt, die Arbeiter überhaupt durch Maschinen möglichst zu ersetzen.

2. der Verschiebung, welche mit der Vervollkommnung aus vorhandenem Betriebskapital zusammengeht und auf Entdeckungen u. s. w. beruht.

Bei dem ersten Moment zieht man hauptsächlich diejenigen Betriebe in Betracht, welche besonderen Nachteilen bei der Heranziehung ihrer Arbeiterschaft ausgesetzt sind, so z. B. zeitweisem Mangel an Arbeitern, welcher durch örtliche oder soziale Verhältnisse, Streike u. dergl., sowie durch gesetzliche Beschränkungen verursacht wird. Die Zuckerfabrikation ist ein Betrieb dieser Art, und eine Verminderung der Arbeiterzahl in einzelnen Gegenden während des Jahres 1893 wird teilweise darauf zurückgeführt, dafs „nach Anschaffung gröfserer, sehr leistungsfähiger Maschinen dort nicht allein der Gesamt-Arbeiterbestand gegen früher wesentlich gesunken ist, sondern trotz ungleich verstärkter Produktion auch die Dauer der Campagnen um mehr als $1/3$ gegen frühere Jahre abgekürzt worden ist (Mitteil. 1893 p. 209).

Weitaus bedeutender ist die Wirkung des 2. Moments, nämlich die Anwendung von vervollkommnetem Fabrikationsprozefs, auf die Schwankung innerhalb der jugendlichen Arbeiterschaft. Hier hat man hauptsächlich im Auge diejenigen Verschiebungen, welche nicht die Arbeiterschaft im allgemeinen, sondern eine bestimmte Arbeiterkategorie betreffen, und zwar werden diese dadurch herbeigeführt, dafs noch bestehende Maschinen durch noch leistungsfähigere ersetzt werden und dadurch ein Teil der bedienenden Arbeiterschaft überflüssig wird. Als Beispiel von Verschiebungen dieser Art kann man die Entlassung der Fädelkinder in Plauen i. V. ansehen: „Die wachsende Ausbreitung der Schiffchenstickmaschinen wirkte mehr und mehr darauf hin, dafs die Handstickmaschinen, an welchen in früheren Jahren namentlich Kinder als Fädler beschäftigt waren, in gröfserer Zahl aufser Betrieb gesetzt wurden. Überdies haben einige Stickereifabrikanten die Beschäftigung jugendlicher Arbeiter aus dem Grunde nicht nötig, weil sie sich Fädelmaschinen angeschafft haben, welche eine grofse Leistungsfähigkeit besitzen und bei guter Instandhaltung tadellos arbeiten" (Mitteil. 1893 p. 68).

Ähnlicherweise ist die Kinderarbeit in einigen Schriftgiefsereien und Zündhölzerfabriken überflüssig geworden und zwar in diesen durch die Einführung sehr leistungsfähiger Einlesemaschinen, in jenen durch Anwendung vervollkommneter Schriftgiefsmaschinen (Mitteil. 1889 p. 36; Mitteil. 1891 p. 52).

Die Schulaufsichtsbeamten können auch eine Schwankung in der Zahl der beschäftigten jugendlichen Arbeiter verursachen, und zwar hat man in denjenigen Gegenden, in denen die Aufsicht der Schulaufsichtsbehörden eine strenge ist, eine Verminderung der Arbeiterzahl erfahren, z. B. in Berlin-Charlottenburg (Mitteil. 1891 p. 49), Posen (Mitteil. 1888 p. 37) u. s. w.

3. Kapitel. Wirkung des Schutzgesetzes auf die jugendlichen Arbeiter in den einzelnen Industriegruppen und Staatsteilen.

Jugendliche Arbeiter überhaupt nach Landesteilen in absoluten Zahlen.

	1884	1886	1888	1890	1892	1894	1895
Prov. Schlesien	11 479	10 843	12 342	15 914	13 672	14 696	14 272
„ Westfalen	11 870	11 835	15 067	17 820	16 628	15 672	16 365
„ Rheinland	22 228	21 844	28 062	33 557	30 983	31 815	35 651
Kgr. Preufsen	85 813	84 057	104 239	126 421	105 684	116 163	122 368
„ Bayern	9 818	10 395	13 340	17 104	17 238	17 178	17 754
„ Sachsen	29 209	30 740	39 374	44 196	34 334	31 845	30 358
„ Württemberg	6 982	8 122	8 608	10 275	10 672	10 456	11 086
Gr.-Herzogt. Baden	8 861	9 222	10 599	13 929	11 480	11 222	11 336
Elsafs-Lothringen				11 239	10 561	10 129	10 716

Dieselben in relativen Zahlen.

Prov.	Schlesien	1000	975	1075	1386	1191	1280	1243
„	Westfalen	1000	997	1269	1501	1400	1320	1395
„	Rheinland	1000	979	1262	1509	1393	1436	1603
Kgr.	Preufsen	1000	979	1214	1473	1231	1353	1425
„	Sachsen	1000	1053	1398	1513	1175	1090	1039
„	Bayern	1000	1050	1358	1742	1755	1749	1808
„	Württemberg	1000	1163	1232	1471	1528	1497	1587
Gr.-Herzogt.	Baden	1000	1047	1196	1572	1295	1266	1279
Elsafs-Lothringen					1000	939	901	952

Zahl der beschäftigten jugendlichen Arbeiter (12—16) überhaupt nach Industriezweigen und Jahren.

Gruppe	1884	1886	1888	1890	1892	1894	1895
III	16 988	14 928	18 967	23 573	10 880	19 881	19 288
IV	14 760	15 844	20 035	24 859	26 372	25 190	25 797
V	16 748	14 904	20 261	26 667	24 833	25 846	27 395
VI	10 688	11 515	15 703	22 423	20 954	20 319	21 667
VII	2 225	2 304	2 642	3 875	3 202	3 405	3 393
VIII	446	538	625	905	852	757	963
IX	44 875	45 617	54 028	65 442	55 473	55 280	57 830
X	8 672	9 140	11 359	13 244	11 689	11 132	11 868
XI	5 211	5 944	7 879	10 129	10 652	10 320	10 403
XII	18 844	19 820	23 123	26 857	23 175	21 443	22 272
XIII	6 087	6 239	7 701	9 610	8 591	9 509	9 647
XV	4 970	5 781	6 733	7 839	9 533	9 140	9 540
Sonst	3 669	3 008	3 109	4 314	2 045	1 752	1 686
Zusammen	154 230	155 582	192 165	241 737	208 251	213 974	221 749

Verhältniszahlen.

III	1000	878	1115	1387	640	1170	1135
IV	1000	1073	1357	1684	1786	1706	1748
V	1000	830	1209	1586	1471	1542	1635
VI	1000	1077	1469	2098	1965	1901	2527
VII	1000	1036	1185	1741	1439	1530	1525
VIII	1000	1206	1400	2029	1910	1697	2159
IX	1000	1016	1203	1458	1236	1231	1288
X	1000	1053	1309	1527	1347	1283	1368
XI	1000	1140	1511	1945	2854	1984	1996
XII	1000	1051	1221	1425	1229	1137	1181
XIII	1000	1008	1100	1578	1411	1562	1584
XV	1000	1163	1354	1575	1939	1899	1919
Sonst. Industrien	1000	819	847	1175	557	477	457

In der bisherigen Betrachtung haben wir die Schwankungen der Zahl der jugendlichen Arbeiter in grofsen Zügen zur Darstellung gebracht. Es ist jedoch von Wichtigkeit, um der Entwickelung genauer nachzuforschen, die Beschäftigung jugendlicher Arbeiter innerhalb der verschiedenen Landesteile und Bezirke zu beobachten.

Die gröfste Zahl der jugendlichen Arbeiter überhaupt kommt im Königreich Preufsen vor und zwar kommen von den 122 368 jugendlichen Arbeitern im Deutschen Reiche im Jahre 1895 von je 1000 allein 552 auf Preufsen. Relativ hat Preufsen seit 1884 keine Änderung erfahren, denn in jenem Jahre kamen von 1000 im ganzen Reiche 556 auf Preufsen. Innerhalb der in Betracht gezogenen Jahre aber ist eine Schwankung wahrzunehmen und zwar ist eine Verminderung bis 1890 eingetreten, wo auf 1000 im ganzen Reiche 523 auf Preufsen kamen. Diese Erscheinung findet ihre Erklärung darin, dafs die Vermehrung innerhalb Preufsens nicht so schnell vor sich ging, wie dies in den übrigen Landesteilen der Fall war. Dies zeigt sich daran, dafs auf 1000 im Jahre 1884 im Reiche überhaupt während des Jahres 1890 1566 kamen. Da aber die Ausdehnung der Gewerbeordnung auf Elsafs-Lothringen die Zahl im Jahre 1890 erheblich steigerte, so mufs man um eine genauere Vergleichung zu bekommen von diesem Lande absehen, und dann kommen auf 1000 im Jahre 1884 im Jahre 1890 1473. Also ist doch die Vermehrung in den gesamten übrigen Landesteilen etwas erheblicher, als in Preufsen.

Innerhalb der 5 Jahre von 1890—1895 hat aber Preufsen auch eine geringere Abnahme als die übrigen Landesteile erlitten, und zwar kommen auf 1000 im Jahre 1884 im ganzen Reiche mit Ausnahme von Elsafs-Lothringen im Jahre 1895 1366, in Preufsen dagegen 1425.

Diese Erscheinung findet ihre Erklärung darin, dafs in Preufsen eine verhältnismäfsig grofse Anzahl von jungen Leuten und wenig Kinder die jugendlichen Arbeiter ausmachen, und zwar kommen auf 1000 junge Leute im ganzen Reiche

im Jahre 1884 auf Preufsen 559,
„ „ 1890 „ „ 559,
„ „ 1895 „ „ 592.

Also ist weitaus die gröfste Zahl der jungen Leute in Preufsen beschäftigt, und wenn man von den Reichslanden absieht, so zeigt diese eine immer steigende Tendenz.

Dagegen ist bei den Kindern das Umgekehrte der Fall, und zwar kommen auf 1000 im Reiche

im Jahre 1884 auf Preufsen 300,
„ „ 1890 „ „ 241,
„ „ 1895 „ „ 196.

Also hat die Beschäftigung von Kindern in Preufsen nie eine verhältnismäfsig grofse Bedeutung gehabt, und in den 11 Jahren nimmt sowohl die relative, als auch die absolute Zahl derselben erheblich ab.

Daher waren die jugendlichen Arbeiter Preufsens weniger als in den anderen Landesteilen den Umständen ausgesetzt, welche eine Verminderung derselben herbeigeführt haben.

Innerhalb Preufsens findet die gröfste Verwendung jugendlicher Arbeiter in den Provinzen Rheinland, Westfalen, Brandenburg und Schlesien statt, und zwar kommen auf 1000 im Reich während des Jahres 1895

in Rheinland 116,
„ Brandenburg 76,
„ Westfalen 73,
„ Schlesien 69.

In allen diesen 4 Provinzen hat seit 1884 eine absolute Zunahme der jugendlichen Arbeiter stattgefunden, welche der absoluten Zahl nach im Rheinlande, der relativen Zahl nach in Brandenburg am gröfsten ist. Die relative Vermehrung in den beiden anderen Provinzen steht jedoch weit hinter diesen zurück und zwar kommen im Jahre 1895

auf 1000 im Jahre 1884 in Brandenburg 1745,
„ „ „ „ „ „ Rheinland 1603,
„ „ „ „ „ „ Westfalen 1395,
„ „ „ „ „ „ Schlesien 1243.

Nach absoluten Zahlen kommt die Provinz Rheinland als von gröfster Bedeutung zunächst in Betracht. Hier hat man es hauptsächlich mit jungen Leuten zu thun, obgleich in relativen Zahlen die gröfste Ausdehnung der Kinderbeschäftigung Preufsens in dieser Provinz während des Jahres 1895 stattfindet, wo auf 1000 im ganzen Reiche 82 auf Rheinland kommen. Dies hat seinen Hauptgrund in der Verwendung von Kindern in der Gruppe V: Metallverarbeitung, und der Textilindustrie des Regierungsbezirks Düsseldorf; immerhin ist aber die Zahl, sogar bei ihrer gröfsten Ausdehnung während des Jahres 1890 nie von grofser Bedeutung gegenüber den anderen Provinzen gewesen, und zwar kommen im Rheinland auf 100 im Jahre 1884

	im Jahre	1890	1892	1893	1894	1895
		119,7	65,9	61,0	53,0	65,9
bei der absolut. Zahl:		643	354	322	285	354.

Also war die Zunahme bis 1890 wenig erheblich, und die Zahl ging bis 1893 zurück. In den Jahren 1894 und 1895 ist wieder eine unbedeutende Zunahme wahrzunehmen. Die Abnahme in den Jahren 1892 93 beruht auf Entlassungen in der Textil- und Metallindustrie (Preu. 1892 p. 322, 372).

Den jungen Leuten gegenüber haben die Kinder wenig Bedeutung, wie man am leichtesten ersehen kann, wenn die Zahlen beider einander gegenübergestellt werden, denn auf 1000 jugendliche Arbeiter überhaupt kommen 991 junge Leute und nur 9 Kinder.

Was die jungen Leute betrifft, so fand in Rheinland im Jahre 1895 die erheblichste Heranziehung dieser Art Arbeiter ebenso wie in ganz Preußen und überhaupt in Deutschland statt, und zwar kommen von 1000 im Jahre 1895 im ganzen Reiche 160 auf das Rheinland; demnächst von Bedeutung ist das Königreich Sachsen mit der Zahl 152.

Ebenso war die größte Zahl junger Leute während des Jahres 1884 im Rheinlande beschäftigt, und sie hat seitdem eine stetige Vermehrung erfahren.

Es ist auch von Interesse, daß von den 4 oben erwähnten Provinzen Rheinland die einzige ist, welche eine Zunahme der jungen Leute seit 1890 erfahren hat. Dagegen ist in den übrigen Provinzen immer noch eine Abnahme wahrzunehmen. Im Rheinlande nahm die Zahl der jungen Leute bis 1890 zu, dann traten Schwankungen ein, bis im Jahre 1895 eine noch bedeutendere Vermehrung stattfand, und zwar kamen auf 1000 im Jahre 1884

im Jahre	1890	1892	1893	1894	1895
junge Leute	1517	1412	1508	1453	1627.

Die Steigerung im Jahre 1893 hängt mit einer vorübergehenden Lebhaftigkeit in der Textilindustrie zusammen.

Die Industriezweige, welche hauptsächlich zur Heranziehung von jungen Leuten beigetragen haben, sind in erster Linie die Textilindustrien in Düsseldorf, Köln und Aachen, weniger die Gruppen der Metallverarbeitung sowie Maschinen- und Werkzeugfabrikation. Eine erhebliche Beschäftigung junger Leute ist auch in den Ziegeleien Düsseldorfs und Aachens wahrzunehmen.

In zweiter Linie ist von Bedeutung die Provinz Brandenburg, und zwar betrug dort die Zahl der jugendlichen Arbeiter überhaupt im Jahre 1905 16 738; also kommen auf 1000 im Jahre 1884 1745, d. h. wie angedeutet ist, die erheblichste Vermehrung unter den 4 in Betracht gezogenen Provinzen fällt auf Brandenburg. Die Zunahme in Brandenburg ist immer eine wachsende gewesen, und zwar kamen auf 1000 im ganzen Reiche im Jahre 1884 61 brandenburgische, welche Zahl sich bis auf 67 im Jahre 1890, und bis auf 76 im Jahre 1895 gesteigert hat.

Dieser Zunahme in der Zahl der jugendlichen Arbeiter liegen zwei Momente hauptsächlich zu Grunde, nämlich die geringe Ausdehnung der Kinderbeschäftigung in den Fabriken überhaupt und eine geringe Abnahme der jungen Leute.

Was das erste Moment betrifft, so ist das Heranziehen von Kindern in Berlin und Charlottenburg in gröfserem Umfange nie, und in Potsdam und Frankfurt a. d. O. nur in den Gruppen III, IX und XII und zwar nur relativ zur gröfseren Ausdehnung gekommen.

Dagegen nahm die Zahl der Kinder seit 1888 ab, und zwar kommen auf 100 im Jahre 1884

in den Jahren	1888	1890	1892	1893	1894	1895
in Berlin u. Charlottenburg	200	110	40	21	10	18
in Potsdam u. Frankf. a/O.	127	127	37,6	35,5	8	6.

Also war Brandenburg den absoluten Zahlen nach weniger einer Abnahme wegen der Schutzbestimmungen ausgesetzt; es betrug nämlich die gesamte Zahl der Kinder im Jahre 1888 838, welche im Jahre 1895 auf 43 gesunken ist; dabei kommen auf 1000 Kinder im ganzen Reiche während des Jahres 1890 in Brandenburg nur 28, und 1895 ist ihre Zahl gar auf 9 herabgesunken.

Bei den jungen Leuten ist der Fall ganz anders gewesen. Diese Arbeiter nahmen bis 1890 erheblich zu, und ihre Zahl betrug dann 14,536, d. h. auf 1000 im Jahre 1884 kamen 1631 im Jahre 1890. Danach findet eine schwankende Verminderung statt, welche im Jahre 1892 am gröfsten war und im Jahre 1895 14,147 ergab; also kommen auf 1000 im Jahre 1884 im Jahre 1895 1374.

Relativ ist jedoch eine Verminderung zu ersehen, und zwar kamen auf 1000 im ganzen Reiche während 1884 in Brandenburg 65, welche Zahl sich 1890 bis auf 68 steigerte und dann im Jahre 1895 wieder auf 56 fiel.

Diese relative Zahl steht hinter der Rheinlands, Westfalens und Schlesiens zurück; dagegen hat, wie oben gezeigt ist, die absolute Zahl der Kinder in Brandenburg in weniger starkem Mafse zugenommen, als in diesen Provinzen. Die jungen Leute finden ihre Beschäftigung in Berlin und Charlottenburg in den Gruppen

IV (Industrie der Steine und Erden),
V (Metallverarbeitung),
IX (Textilindustrie),
X (Leder- und Papierfabrikation), und
XV (Polygraphische Gewerbe);
in den andern Bezirken war weitaus der gröfste Teil in der Textilindustrie beschäftigt und zwar etwa $38^0/_0$ im Jahre 1890 und $30^0/_0$ während 1895.

Demnächst ihrer Bedeutung nach in absoluten Zahlen der jugendlichen Arbeiter kommt die Provinz Westfalen in Betracht. Dort kommen auf 1000 im Reich während 1895 73, die Zunahme seit 1884 ist jedoch in Westfalen weniger stark, als in den übrigen Provinzen; daher zeigt Westfalen einen abnehmenden Prozentsatz der jugendlichen Arbeiter. Die erheblichste Steigerung der Zahl jugendlicher Arbeiter fand im Jahre 1890 statt, und zwar kamen auf 1000 im Jahre 1884 in jenem Jahre 1501, während in absoluten Zahlen 17 820 beschäftigt waren. Von 1890 ab nimmt die Zahl der jugendlichen Arbeiter bis 1893 ab, in welchem Jahre sie ihren niedrigsten Punkt erreicht und wo auf 1000 im Jahre 1884, 1291 kommen. Bis 1895 ist eine Zunahme zu erblicken, welche die Zahl 1395 erreicht. Die Abnahme beruht hauptsächlich auf Entlassungen bei den Kindern. Die Beschäftigung von Kindern hat früh in grofsem Umfange stattgefunden und 1884 wurden in der ganzen Provinz 1790 Kinder gezählt. Diese Zahl steigert sich 1890 auf 2259. Im Verhältnis zu den übrigen Landesteilen nimmt Westfalen in der Anwendung von Kinderarbeit im Jahre 1884 die zweite Stelle nach dem Königreich Sachsen und dem Grofsherzogtum Baden ein, und zwar kommen von 1000 im Reiche im Jahre 1884 95, im Jahre 1890 82 Kinder auf Westfalen. In den Jahren 1892—95 hat eine bedeutende Abnahme stattgefunden, und zwar betrug diese 2192, oder, in relativen Zahlen ausgedrückt, es kommen auf 1000 im Jahre 1884 im Jahre 1890 1262, welche Zahl dann bis 1895 auf 37 zurückgeht.

Dieser Abnahme zu Grunde liegen teilweise die gesetzlichen Beschränkungen, teilweise die Geschäftslage, und zwar hat letztere zu einer Abnahme der Zahl der Kinder in der Textilindustrie (Münsters) erstere dagegen in der Gruppe Nahrungs- und Genufsmittel (Mindens) geführt. Die Zahlen der Kinder in dieser letzteren Gruppe waren

	im Jahre	1890	1892	1893	1894	1895
in Minden Gruppe XII		1561	430	39	3	0.

Diese Zahlen beziehen sich hauptsächlich auf die Heranziehung von Kindern in der Zigarrenfabrikation, und zwar waren während des Jahres 1891 noch 1496 Kinder in ihr beschäftigt. Dagegen arbeiteten im Jahre 1895 keine Kinder mehr in der Zigarrenfabrikation. Ihre Abnahme ersieht man leicht aus Folgendem. Es waren nämlich beschäftigt

im Jahre	1891	1892	1893	1894	1895	
	1496	413	39	2	0	Kinder.

Die Gewerbeordnung hat hier wie ein Verbot der Beschäftigung von Kindern unter dem vollendeten 14. Jahre gewirkt, weil die Schulpflicht bis zum 14. Jahre dauert. Doch wird hervorgehoben: „Hieraus günstige Schlüsse folgern zu wollen, wäre sehr verfehlt, denn die Abnahme der Kinderbeschäftigung ist nur eine scheinbare, weil die Kinder aus den geordneten Fabrikverhältnissen in die viel ungünstigere Hausindustrie übergetreten sind. Diese Verhältnisse gewinnen immer mehr an Bedeutung, weil hierdurch die Zigarren-Hausindustrie sehr stark gefördert wird. Wird dem Roller in der Fabrik nicht gestattet, seinen Hilfsarbeiter zu beschäftigen, so verlangt er meistens Hausarbeit" (Pr. 1892, p. 219).

Die grösste Anwendung von Kindern in der Provinz hat der Regierungsbezirk Minden, und zwar machten die Kinder 1890 etwa 79% (derer in der Provinz), 1895 dagegen etwa noch 32% aus. Greift man die besonderen Verhältnisse dieses Bezirks heraus, so ist die relative Zahl

	jugendl. Arbeiter	der Kinder
1876	1000	
1878	948	
1880		1000
1882	1203	1130
1886	1614	1614
1890	2263	1873
1893	1486	70
1895	1469	2.

Die jugendlichen Arbeiter überhaupt hatten seit 1876 eine Vermehrung erfahren, welche sich am stärksten während 1890 geltend machte. Doch ist die Zunahme keine regelmäfsige gewesen, sondern sie geht während der ersten 6 Jahre langsam vor sich, hat sogar eine Verminderung im Jahre 1878 erfahren; in der letzten Hälfte der 80er Jahre dagegen nimmt die Zahl erheblich zu. Die Novelle von 1878, sowie, wenn auch in geringerem Mafse, die flaue Geschäftslage in den Jahren 1882—84 können dazu beigetragen haben. Seit 1890 ist eine schwankende Abnahme zu ersehen, welche am erheblichsten im Jahre 1894 sich zeigt. Dagegen ist seit 1880 eine ziemlich regelmäfsige Zunahme zu beobachten, welche am stärksten im Jahre 1890 auftritt; dann folgt eine starke Abnahme. Die Kinder fanden ihre Hauptverwendung während 1890 in den Gruppen V (Metallverarbeitung) und IX (Textilindustrie), in geringerem Mafse auch in der Gruppe XII (Nahrungs- und Genufsmittel); und zwar umfafsten diese Gruppen weitaus die gröfste Zahl, nämlich 68 % der sämtlichen Kinder der Provinz. In den Regierungsbezirken Minden und Münster waren 79 % darin beschäftigt. Im Jahre 1894 erfuhr die Zahl der Kinder einen Rückgang, wo sie etwa sich zu 10 % (also 7 in absoluten Zahlen) in der Gruppe XII bebefanden, während die Textilindustrie Münsters die gröfste Zahl in Anspruch nahm.

Bei den jungen Leuten liegen die Verhältnisse anders; bei ihnen ist eine stetige Zunahme zu erkennen, bis im Jahre 1895 Westfalen neben Rheinland die zweite Stelle in der Beschäftigung junger Leute einnimmt. Damals waren 16298 junge Leute beschäftigt. Auf 1000 junge Leute im ganzen Reiche kamen in Westfalen 75, welche Zahl eine unerhebliche Zunahme seit 1884 aufweist, wo auf 1000 im Reich 74 kamen. Die Zunahme in Westfalen ist also etwas gröfser als im übrigen Reiche, und sie zeigt sich deutlich im folgenden. Zwar kam auf 1000 seit 1884 eine stetige Zunahme bis 1895, doch mit Schwankungen, nach denen sie in letzterem Jahre die Zahl 1616 erreicht. Die erheblichste Schwankung fiel ins Jahr 1893, wo die Zahl auf 1507 zurückging; seitdem hat sie schnell zugenommen.

Weitaus die gröfste Zahl der jungen Leute war im Regierungsbezirk Arnsberg beschäftigt, und zwar kommen in der Provinz überhaupt 62 % auf Arnsberg, 20 % auf Minden und die übrigen 18 % auf Münster.

Dies liegt hauptsächlich in der Ausdehnung der Arbeit der jungen Leute in den Gruppen V (Metallverarbeitung) sowie, obgleich in geringerem Mafse, den Gruppen III (Bergbau) und VI (Maschinen und Werkzeuge). Um die Bedeutung dieser drei Industriezweige für den Regierungsbezirk Arnsberg zu beobachten, hat man folgende Vergleichung aufgestellt:

In den Jahren waren junge Leute beschäftigt in den Gruppen	1884	1888	1892	1895
III	1079	1501	2117	2174
V	3165	3550	4154	4591
VI	669	1155	1258	729.

Hieraus erhellt, dafs etwa 45,2 % der sämtlichen Arbeiter dieser

Kategorie in den oben aufgeführten drei Gruppen thätig waren. Die Gruppe III weist die gröfste Zunahme im Jahre 1884 auf, und zwar ist diese Zunahme eine schwankende. Bis 1892, wo die Zahl der jungen Leute sich beinahe verdoppelt hat, nimmt die Zahl stark zu, dagegen im Jahre 1893 ist sie auf $^{3}/_{4}$ zurückgegangen, was seine Ursachen teilweise in dem schlechten Geschäftsgange, hauptsächlich aber in den gesetzlichen Beschränkungen der Arbeit jugendlicher Personen in Bergwerken und Hammerwerken hat. Bei den Gruppen V und VI ist die relative Zunahme bis 1892 bei der letzten am gröfsten, dann nimmt die Zahl ab, und im Jahre 1895 weist sie nur noch eine 9,1 %ige Vermehrung auf.

Die wenig erhebliche Zunahme bei der Gruppe V läfst sich auch erklären und hängt hauptsächlich mit dem schlechten Geschäftsgang in der Eisenindustrie zusammen (Bericht für Preufsen 1892 p. 232).

Im Regierungsbezirk Münster kommt die Textilindustrie hauptsächlich in Betracht, und zwar waren darin beschäftigt: (Bericht für für Preufsen p. 200):

im Jahre	junge Leute	oder relativ
1888	1548	1000
1892	1819	1175
1895	2289	1479.

Leider liegen die Angaben für die Textilindustrie Münsters bis 1888 gesondert nicht vor, aber von jenem Jahre bis 1895 ist eine regelmäfsige Vermehrung zu beobachten, welche innerhalb der sieben Jahre 48 % erreicht hat. Besonders interessant ist diese Erscheinung, weil sie zeigt, dafs trotz der besonderen Beschränkungen der Gewerbeordnung, welche zu Entlassungen der jugendlichen Arbeiter dieses Bezirks führten (siehe Pr. 1892 p. 200), diese doch als vereinzelte Vorkommnisse anzusehen sind, die für die Mehrzahl der jugendlichen Arbeiter nicht von grofser Bedeutung waren. Dabei ist auch zu erwähnen, dafs die Kinder nur wenig Beschäftigung in der Textilindustrie Münsters erlangt haben, und zwar machten sie im Jahre 1888 nur 5,1 % der sämtlichen jugendlichen Arbeiter jener Industrie aus, dagegen zur Zeit ihrer gröfsten Zahl im Jahre 1890 5,6 %, oder, in absoluten Zahlen ausgedrückt, es waren beschäftigt 106 Kinder. In den folgenden Jahren trat eine erhebliche Verminderung ein, welche im Jahre 1893 ihre niedrigste Zahl erreichte, wo nur 23 Kinder in der Textilindustrie beschäftigt waren, d. h. von 100 jugendlichen Arbeitern dieser Industrie waren 1,2 Kinder. Also war die Zahl der jugendlichen Arbeiter weniger den besonderen und einschneidenden Beschränkungen der Kinderarbeit ausgesetzt.

Aus Folgendem ersieht man die Bedeutung dieser Industrie für die sämtlichen jungen Leute: es waren von den jungen Leuten in Münster überhaupt in der Textilindustrie beschäftigt

im Jahre	1892	1893	1895
	75 %	80 %	86 %.

also hat diese Industrie eine zunehmende Bedeutung für dieselben.

Dagegen ist in Minden die Gruppe XII (Nahrungs- und Genufsmittel) am bedeutendsten, obgleich daneben Beschäftigung in den Gruppen VI und IX (Textilindustrie) auch vorkommt. Was die Beschäftigung von jungen Leuten in der Gruppe XII anlangt, so waren in ihr thätig

im Jahre	1892	1893	1895
	1688	1402	1312

oder von 100 jungen Leuten in Minden überhaupt

im Jahre	1892	1893	1895
	46	41	38.

Demnach ist seit 1892 ein stetiger Rückgang zu erkennen, und zwar relativ wie absolut. Dieser Verminderung liegt hauptsächlich zu Grunde die Abnahme in der Zigarrenfabrikation, welche herausgegriffen war, um den Gegenstand eines besonderen Erlasses des Bundesrats zu bilden.

Dies läfst sich deutlicher erkennen, wenn man die Zahlen der jungen Leute, die in der Zigarrenindustrie beschäftigt waren, einander gegenüberstellt; es waren

im Jahr	1891	1892	1893	1894
junge Leute	1435	1585	1270	1226
relativ	1000	1103	885	805.

In der Provinz Schlesien hat die Zahl der jugendlichen Arbeiter seit 1884 zugenommen und ergab im Jahre 1895 14272 jugendliche Personen, oder von 1000 im ganzen Reich kamen auf Schlesien 69. Diese Zunahme ist aber weniger erheblich als in den andern Landesteilen, und zwar bilden die jugendlichen Arbeiter Schlesiens im Jahre 1895 einen geringeren Teil der Gesamtheit als im Jahre 1884. Damals kamen von 1000 im Reich 74 auf Schlesien. Oder um die Zunahme noch deutlicher auszudrücken, es kamen auf 1000 im Jahre 1884 während des Jahres 1895 1243. Die Vermehrung war am stärksten während des Jahres 1890 und zeigte damals die Zahl 1386; seitdem ist eine schwankende Abnahme eingetreten.

Die Gründe dieser Erscheinung sind weniger bei den Kindern, als bei den jungen Leuten zu suchen, da die Beschäftigung von Kindern in Schlesien nie sehr ausgedehnt war; dort betrug die Kinderzahl bei ihrer gröfsten Ausdehnung im Jahre 1884 nur 730, sie nahm seitdem bis 1890 langsam, und dann schnell ab, bis sie im Jahre 1895 nur 125 Kinder umfafste.

Die Hauptbeschäftigungszweige waren die Ziegeleien, die Metallverarbeitung und die Textilindustrie in Breslau und Liegnitz; in Oppeln ist Kinderbeschäftigung nie in grofser Ausdehnung eingeführt worden. Sie erreicht hier die höchste Zahl im Jahre 1890 mit 24. Von 1000 Kindern während des Jahres 1895 im ganzen Reiche kamen auf Schlesien nur 29.

Von jungen Leuten dagegen wird eine bedeutende Anzahl in Schlesien beschäftigt, und zwar fallen im Jahre 1895 von 1000 im ganzen Reiche 65 auf Schlesien. Seit 1884 ist auch eine bedeutende Vermehrung bei denselben wahrzunehmen, doch nicht in demselben Mafse wie es bei den übrigen Landesteilen der Fall ist. Diese Vermehrung wird offenbar, wenn man die Vergleichung nach Jahren macht, und zwar kommen auf 1000 im Jahre 1884 in Schlesien im Jahre 1895 1319, welche Zunahme ihren höchsten Punkt 1890 erreicht hatte, wo ihre Zahl 1416 betrug. Im Jahre 1892 fiel die relative Zahl auf 1251 und ist seitdem wieder auf 1319 gestiegen. Dagegen ist die Vermehrung etwa 19 % geringer als im ganzen Königreich Preufsen. Der Rückgang in Schlesien beruht hauptsächlich auf der Abnahme der jungen Leute in den Gruppen III (Bergbau), weniger auch in den Gruppen IV (Industrie der Steine und Erden), VI (Maschinenfabrikation) und XII (chemische Industrie) Oppelns, sowie der Stein- und Erdenindustrie respektive den Ziegeleien der beiden anderen Regierungsbezirke und führt hauptsächlich auf die gesetzlichen Beschränkungen zurück. Einige Übersicht erhält man aus folgenden Zahlen: Es waren beschäftigt

	im Jahre 1884	1890	1892	1894
in Gruppe III, Oppeln	1445	1913	1915	1438
in Gruppe IV, Breslau, Liegnitz	1865	2173	1826	1829.

In der Gruppe III Oppelns ist eine Zunahme bis 1892 zu ersehen, welche aber bis 1894 langsam abnahm und dann etwa 2 % geringer war als 1884. Die Ursachen dieses Rückganges hängen mit den gesetzlichen Beschränkungen betreffs der Hammerwerke (Pr. 1892 p. 108) sowie der Ausdehnung der verkürzten Arbeitszeit in dieser Gruppe überhaupt zusammen.

Dagegen war die Abnahme in der Gruppe IV Breslaus weniger erheblich, und zwar ist bis 1895 eine 14 %ige Zunahme wahrzunehmen. Doch war die Zahl der jungen Leute während des Jahres 1890 am gröfsten und ging gleich nach der Einführung der Novelle von 1891 zurück. Die Verteilung der jungen Leute auf die drei Regierungsbezirke ist ziemlich gleichmäfsig, und zwar waren im Jahre 1895

	in Breslau	5846,
	„ Liegnitz	4367,
	„ Oppeln	3934,

oder es kommen auf 1000

	in Breslau	413,
	„ Liegnitz	309,
	„ Oppeln	278.

Die Hauptbeschäftigungsarten sind die Stein- und Erden- sowie Textil- und Nahrungs- und Genufsmittelindustrie Breslaus, die Bergwerke Oppelns und die Textilindustrie von Liegnitz.

Weit hinter den bis jetzt angeführten Provinzen kommt nach der absoluten Zahl der jugendlichen Arbeiter die Provinz Sachsen, und zwar waren im Jahre 1895 10694 jugendliche Arbeiter in der Provinz beschäftigt. Auch hier hat indes die Zahl der beschäftigten jugendlichen Arbeiter eine Zunahme seit 1884 erfahren, wenn sie auch noch nicht den Durchschnitt erreicht hatte. Die gröfste Vermehrung fiel ins Jahr 1890; damals kamen auf 1000 im Jahre 1884 1603, welche Zahl nicht nur die durchschnittliche Vermehrung für Preufsen, sondern für das ganze Reich während des Jahres 1890 angab.

Darauf tritt eine starke Abnahme ein, welche während des Jahres 1894 mit der Zahl 1338 am stärksten war. Im Jahre 1895 ist die Zahl etwas gestiegen, steht aber immer noch unter beiden Durchschnittszahlen (Preufsen, Deutschland). Dieser Rückgang bis 1894 beruht weniger auf der Abnahme bei den Kindern, da im Jahre 1884 bei ihrer zahlreichsten Beschäftigung im ganzen nur 647 Kinder gezählt wurden. Dagegen war der Rückgang bei den jungen Leuten in der Zuckerindustrie und den Ziegeleien sehr umfangreich. Um diese Zustände besser beurteilen zu können, mufs man die Zahl der jungen Leute im ganzen betrachten: es waren überhaupt in der Provinz Sachsen während 1890 11898 junge Leute beschäftigt, oder auf 1000 im Jahre 1884 kamen in diesem Jahre 1639, welche Zahl noch höher war, als die Durchschnittszahlen. Dann nahm die Zahl ab bis 1893, wo sie 1407 betrug; seitdem ist sie auf 1465 gestiegen. Dementsprechend waren von 1000 jungen Leuten im ganzen Reiche 54 während des Jahres 1884 in der Provinz Sachsen beschäftigt; diese Zahl stieg im Jahre 1890 bis auf 56 und ging dann bis zum Jahre 1895 wieder auf 49 zurück.

Hauptsächlich von Bedeutung ist für die Beschäftigung junger Leute die Nahrungs- und Genufsmittelindustrie, sowie die Industrie der Steine und Erden in der ganzen Provinz und in geringerem Mafse die Metallverarbeitung Magdeburgs, und zwar waren in diesen Industriegruppen im Jahre 1890 43,3 % der Arbeiter dieser Art thätig, deren Zahl aber im Jahre 1895 auf 40,2 % zurückging. Die Verminderung fand gröfstenteils in der Gruppe der Nahrungs- und Genufsmittel, weniger auch in den Stein- und Erdenindustrien statt. (Siehe Gruppe IV für Merseburg, Gruppe XII für Magdeburg-Merseburg.)

Übersicht: In der Provinz Sachsen waren

in der Gruppe XII (Nahrungs- und Genufsmittel)

im Jahre	im Reg.-Bez. Magdeburg	Merseburg-Erfurt
1884	487	1088
1890	811	1600
1893	508	1287
1895	561	645 687
		1332

in der Gruppe IV (Stein- und Erdenindustrie)

1884	451	1057
1890	914	1477
1893	570	1326
1895	696	717 381
		1098

in der Gruppe V (Metallverarbeitung)

1884	226
1890	579
1893	469
1895	696.

Zunächst ihrer Bedeutung und absoluten Zahl nach kommt die Industrie der Nahrungs- und Genufsmittel, welche hier durch die Zuckerfabrikation ihre Ausdehnung gewinnt. Von dieser Gruppe befanden sich bei ihrer gröfsten Ausdehnung etwa $33^1/_3$ % im Regierungsbezirk Magdeburg und $66^2/_3$ % in den beiden anderen Bezirken, dagegen im Jahre 1895 etwa 30 % im Regierungsbezirk Magdeburg und 70 % in Merseburg-Erfurt, also eine gröfsere relative Abnahme in jenem als in diesen Bezirken. Die Zahl der jungen Leute nahm in dieser Gruppe schnell zu bis 1890, erfuhr dann einen Rückgang, welcher im Jahre 1893 seinen niedrigsten Punkt erreichte. Bis 1895 ist eine Vermehrung wahrzunehmen, obgleich gegen 1890 immer noch eine Verminderung stattgefunden hat. Diese Erscheinungen sind immerhin von Interesse, weil in dieser Industrie die gesetzlichen Beschränkungen sehr streng waren. Nach dem Erlafs der kaiserlichen Verordnung, bezugnehmend auf die Zuckerfabrikation, ist ein Rückgang der Zahl der jungen Leute vor sich gegangen, welcher zweifelsohne mit der Entfernung der Arbeiter dieser Kategorie von den verbotenen Arbeiten zusammenhängt. Die Zunahme seit 1893 dagegen hängt mit der Heranziehung von jungen Leuten zusammen zu solchen Arbeiten, welche von der Gewerbeordnung nicht getroffen werden. Also hat eine Umwälzung der Arbeiter innerhalb des Betriebes vielfach stattgefunden.

Die Stein- und Erdenindustrie der Provinz Sachsen hat beinahe so grofse Bedeutung für die jungen Leute, wie die der Nahrungs- und Genufsmittel; sie erreicht ihre gröfste Ausdehnung im Jahre 1890, und zwar war die Zunahme relativ gröfser in Magdeburg als in den beiden andern Regierungsbezirken. Nach 1890 tritt eine Abnahme ein, welche in den Regierungsbezirken Merseburg und Erfurt erst im Jahre 1895 ihren niedrigsten Punkt erreichte, wogegen in Magdeburg schon seit 1893 wieder eine Vermehrung wahrzunehmen ist. Hier kommt hauptsächlich die Ausdehnung der Ziegeleien in Betracht. Diese Betriebsart war durch Bekanntmachungen auf der Basis der Gewerbeordnung besonders ins Auge gefafst, was zu einem Rückgange der darin beschäftigten Zahl geführt hat.

Bei der Metallverarbeitung Magdeburgs ist innerhalb der 11 in Betracht gezogenen Jahre trotz beschränkter Arbeitszeit und Geschäftsrückgangs immer noch eine Zunahme zu beobachten.

In den oben angeführten fünf Provinzen findet weitaus die gröfste Zahl der jugendlichen Arbeiter ihre Beschäftigung, und zwar waren im Jahre 1895 69 % der jugendlichen Arbeiter Preufsens in diesen beschäftigt. Die übrigen 31 % fallen auf die Provinzen Hessen-Nassau, Hannover, Pommern, Posen, Schleswig-Holstein, Ost- und Westpreufsen und Sigmaringen. In Hessen-Nassau nahm die Zahl der jugendlichen Arbeiter bis 1892 zu und ging darauf in geringem Mafse zurück. Die Vermehrung ist auch über den Durchschnitt hinausgekommen und betrug auf 1000 im Jahre 1884, im Jahre 1892 1651, ging jedoch bis 1895 auf 1603 zurück. Die Abnahme seit

1892 beruht hauptsächlich auf der Verminderung unter den Kindern, welche seit 1888 in der Zahl zurückgegangen sind, und zwar kamen damals 267, im Jahre 1885 dagegen nur 58 vor. Bei den jungen Leuten hat die Vermehrung ihre höchste Zahl auch im Jahre 1892 erreicht, und zwar betrug sie damals 6955, seitdem nahm sie ab, bis sie im Jahre 1895 noch 6819 betrug, oder auf 1000 im Jahre 1884 kamen im Jahre 1892 1674, welche Zahl dann 1895 auf 1644 zurückging. Die Abnahme in absoluten Zahlen betrug 136. Die Hauptbeschäftigungszweige sind die Industrie der Steine und Erden, sowie die Gruppe der Nahrungs- und Genufsmittel in dem Regierungsbezirk Kassel, sowie die Metallverarbeitung im Regierungsbezirk Wiesbaden.

Nächst Hessen-Nassau ist von Bedeutung für die jugendlichen Arbeiter die Provinz Hannover, welche die höchste Vermehrung unter den jugendlichen Arbeitern im Jahre 1893 aufweist. Ihre Zahl betrug 5500 Personen, oder auf 1000 im Jahre 1884 kamen 1405 im Jahre 1893; darnach trat eine Verminderung ein, und betrug im Jahre 1895 die relative Zahl 1291 (die absolute 4985). In absoluten Zahlen betrug die Verminderung 515, wovon auf die Kinder 70, auf die jungen Leute 445 fallen. Die Zahl der Kinder war im Jahre 1890 am gröfsten, umfafste damals 402 Personen und ging im Jahre 1895 auf 50 zurück.

Die Zahl der jungen Leute hat eine stetige Zunahme bis 1893 erfahren, wo sie 5419 betrug; seitdem ist eine unverhältnismäfsige Abnahme zu erkennen, und zwar kamen in relativen Zahlen auf 1000 im Jahre 1884 im Jahre 1893 1540 und im Jahre 1895 1403. Die Abnahme betrug in absoluten Zahlen 484.

Bei den jungen Leuten ist der Rückgang hauptsächlich in den Ziegeleien zu beobachten, sowie in geringerem Mafse in mehreren andern Branchen. Mit Ausnahme der Gruppen der Nahrungs- und Genufsmittel- und Textilindustrie, in der eine Vermehrung wahrzunehmen ist, bilden diese die Hauptbeschäftigungsarten Hannovers.

Da Ost- und Westpreufsen früher als ein Aufsichtsbezirk angesehen wurden, so mufs man, um eine Vergleichung zu erzielen, sie zusammen betrachten. Seit 1884 ist die Vermehrung in diesen Provinzen eine regelmäfsige gewesen, welche aber 1894—95 nur langsam vor sich ging. Im Jahre 1895 waren in den beiden Provinzen 2677 jugendliche Arbeiter angestellt, oder auf 1000 im Jahre 1884 kamen im Jahre 1895 2199, also die gröfste relative Vermehrung in sämtlichen Provinzen. Darunter waren nur 22 Kinder, eine Verminderung von 56 seit 1890, wo die Zahl am höchsten war. Die Hauptbeschäftigung fand statt in den Gruppen IX (Industrie der Steine und Erden), V (Metallverarbeitung), XI (Holz- und Schnitzstoffe), aber hauptsächlich XII: (Nahrungs- und Genufsmittel).

Nach dem Königreich Preufsen kommt seiner Bedeutung nach als nächstes Land das Königreich Sachsen in Betracht. Nach der absoluten Zahl der jugendlichen Arbeiter, die darin beschäftigt sind, steht es unter den deutschen Ländern an zweiter Stelle. Wenn man das Königreich Sachsen den einzelnen Provinzen Preufsens gegenüberstellt, so hat keine einzige Provinz eine so grofse Verwendung jugendlicher Arbeiter. Im Jahre 1895 betrug die Zahl der jugendlichen Arbeiter 17 754, oder auf 1000 im ganzen Reiche kamen im Königreich Sachsen 137, dagegen in der Rheinprovinz 116 und im Königreich Bayern 80, in der Provinz Brandenburg 76.

Dieses Übergewicht Sachsens zeigt aber eine abnehmende Tendenz, da die Zahl der jugendlichen Arbeiter stets zwar zunimmt, jedoch nicht in dem Mafse wie in den übrigen Staatsteilen.

Von 1000 jugendlichen Arbeitern im ganzen Reiche kamen im Jahre 1884 auf Sachsen 189, im Jahre 1890 183 und 1895 137. Das ist ein bedeutender relativer Rückgang.

Die Zahl der jugendlichen Arbeiter nahm bis 1890 erheblich zu und betrug damals 44 196, fiel aber im Jahre 1895 auf 30 388, d. h. auf 1000 im Jahre 1884 kamen im Jahre 1890 1513, welche Zahl im Jahre 1895 auf 1039 zurückging.

Dieser Abnahme liegt zu Grunde weniger die Abnahme der jungen Leute, als die der Kinder.

Was die Kinderarbeit Sachsens angeht, so hat sie ihre gröfste Ausdehnung im Jahre 1890 erfahren, wo von jugendlichen Arbeitern 12 855 gezählt wurden. Im Jahre 1895 dagegen waren es nur noch 930, oder auf 1000 im ganzen Reiche kamen im Jahre 1890 in Sachsen 467 und im Jahre 1895 215, also eine bedeutende relative Abnahme. Bis 1890 war also eine gröfsere als Durchschnittsvermehrung zu bemerken, da im Jahre 1884 von 1000 im ganzen Reiche 459 auf Sachsen fielen; also nimmt das Königreich Sachsen die erste Stelle in Deutschland in Bezug auf die Beschäftigung von Kindern bis in die 90 er Jahre ein, wo es an zweiter Stelle, nach Bayern, steht.

Die Bedeutung der Kinderarbeit für Sachsen erhellt aus ihrem Verhältnis zu den Arbeitern überhaupt, und zwar machten sie (die Kinder) im Jahre 1890 3,03 %, dagegen im Jahre 1895 0,22 % der sämtlichen Arbeiter aus (Angaben des sächsischen Jahrbuchs). Wie angedeutet, ist die Entwickelung der Kinderzahl Sachsens eine bedeutende, und zwar kamen auf 1000 im Jahre 1884 im Jahre 1890, als sie ihre höchste Zahl erreicht hatten, 4184; ihre Zahl ging jedoch im Jahre 1892 und den folgenden schnell zurück bis zum Jahre 1895, wo sie nur noch 106 betrug. Die Abnahme seit 1890 betrug 11 925 und erstreckte sich ziemlich allgemein auf alle Industriezweige, doch in gröfserem Umfang auf die drei Gruppen der Stein- und Erden-, Nahrungs- und Genufsmittel- und der Textilindustrie. Dies ergiebt sich auch aus folgender Übersicht. Es kamen

im Jahre	auf Gruppe IV	Gruppe IX	Gruppe XII
1884	3321	4651	1298
1890	1113	6272	1359
1895	100	333	50.

In diesen drei Gruppen waren im Jahre 1890 67,5 % der sämtlichen Kinder beschäftigt, dagegen im Jahre 1895 51,9 %. In beiden Jahren war die Mehrzahl der Kinder in der Textilindustrie beschäftigt. Doch ist relativ die erheblichste Vermehrung von 1884 bis 90, sowie die bedeutendste Abnahme zwischen 1890 und 1895 in der Industrie der Steine und Erden wahrzunehmen, eine Abnahme, welche teilweise die den Ziegeleien und Glashütten auferlegten Beschränkungen herbeigeführt hatten. Die Zahl der Kinder im Verhältnis zu den übrigen Arbeitern war am erheblichsten in der Gruppe XII, unbedeutender in IX und am unbedeutendsten in IV; und zwar kamen auf 1000 der sämtlichen Arbeiter der betreffenden Gruppe im Jahre 1890 54 Kinder in Gruppe XII, 42 in Gruppe IX und 28 in Gruppe IV.

Gegenüber den jungen Leuten waren die Kinder am stärksten im Jahre 1886 vertreten, als auf 1000 junge Leute 496 Kinder kamen; diese Zahl ging aber stets zurück, im Jahre 1890 waren von 1000 jungen Leuten 410 Kinder und im Jahre 1895 noch 31. Doch waren diese Zahlen, wenn man ihr Verhältnis gegenüber denen für das ganze Reich betrachtet, besonders hoch und zeigen, dafs obgleich die Kinder bis 1890 zugenommen haben, doch die Vermehrung bei den jungen Leuten relativ höher war.

Die jungen Leute machten einen gröfseren Teil der Arbeiter Sachsens aus, als die Kinder, und zwar bilden sie im Jahre 1890 8,2 %, dagegen im Jahre 1895 6,8 % der Gesamtzahl.

Die gröfste Zahl der jungen Leute war 1890 beschäftigt und betrug damals 31 341. Nachher nahm sie ab, bis sie im Jahre 1895 noch 29 428 betrug; d. h. auf 1000 im ganzen Reiche kamen im Jahre 1890 146 und im Jahre 1895 135. Also ist die Zahl der Abnahme seit 1890 erheblicher in Sachsen als in den übrigen Landesteilen.

Dies stellt sich etwas deutlicher dar, wenn man die Entwickelung bei den jungen Leuten Sachsens in anderer Weise betrachtet, und zwar kommen auf 1000 im Jahre 1884 bei der gröfsten Zunahme im Jahre 1893 1572, welche Zahl im Jahre 1895 auf 1432 zurückging. Diese Erscheinung ist darin begründet, dafs während des Jahres 1893 ein besonderer Aufschwung in der Textilindustrie Sachsens (Mitteil. 1893 p. 207) stattgefunden hat; infolgedessen war auch in einigen Bezirken ein örtlicher Mangel an weiblicher Arbeitskraft vorhanden, daher die Heranziehung der jungen Leute.

Im Jahre 1894 war in der Textilindustrie wieder eine flauere Zeit eingetreten.

Um die Schwankung in der Zahl der jungen Leute darzulegen, ist es nötig, die Hauptbeschäftigungszweige zu untersuchen, und zwar kommt die Textilindustrie in erster Linie, nach ihr die Gruppen V (Maschinen, Werkzeuge u. dergl.) und IV (Metallverarbeitung); und zwar kommen in diesen drei Gruppen

im Jahre	auf Gruppe IV (Metallverarbeitung)	auf Gruppe V (Maschinen etc.)	auf Gruppe IX (Textilindustrie)
1884	1153	1149	9 192 (44,7 %)
1890	2069	3930	13 728 (43,4 %)
1893	2180	3559	14 564 (45 %)
1895	2013	3742	12 459 (62,4 %).

Im allgemeinen ist zu beobachten, dafs diese drei Gruppen eine zunehmende Bedeutung für die jungen Leute haben, welche durch die absolute Vermehrung bei den beiden ersten Gruppen verursacht war. Dagegen war bei der Textilindustrie wohl eine stetige Zunahme bis 1893 bemerkbar, nachher trat aber eine Abnahme ein. Relativ die gröfste Zunahme erfuhr die Gruppe V, in der sich die Zahl mehr als verdreifacht hat.

Um der Wirkung der Schutzgesetzgebung auf die Beschäftigung jugendlicher Arbeiter genauer nachzuforschen, hat man zunächst diejenigen Industriegruppen herausgegriffen, welche besonders von der Gewerbeordnung getroffen waren, und zwar waren dies die Gruppen III (Bergbau), IV (Stein- und Erdenindustrie), welche durch die Bekanntmachungen über Glashütten und Ziegeleien besonders getroffen waren, ferner die Textilindustrie wegen der Schwierigkeiten infolge der verkürzten Zeit, sowie der besonderen Bekanntmachungen betreffs der Häkelräume, und zuletzt die Gruppe der Nahrungs- und Genufsmittelindustrie, welche durch die Bekanntmachungen über Zigarren-

und Zuckerfabrikation, sowie die Verkürzung der Arbeitszeit besonders getroffen wurde. In allen diesen Gruppen hat eine absolute Verminderung stattgefunden, welche bei der Textilindustrie am erheblichsten war; es waren im Jahre 1895 6319 jugendliche Arbeiter weniger beschäftigt als im Jahre 1889. Die Abnahme nach relativen Zahlen war bei den Gruppen der Nahrungs- und Genufsmittelindustrie am erheblichsten, am geringsten in der Industrie der Steine und Erden. Durch folgende Übersichtstabelle wird manches deutlicher:

sind im Jahre	in den Gruppen			
	III	IV	IX	XII
1889	203	3059	19 111	2725
1891	297	2811	18 573	2904
1893	125	2256	15 280	2256
1895	100	1921	12 792	1263

oder auf 1000 Arbeiter überhaupt kommen jugendliche

1889	42	87	141	116
1891	53	78	126	114
1893	23	57	96	88
1895	13	45	76	48.

Im Verhältnis zu der gesamten Zahl der Arbeiter in den betreffenden Industriegruppen nehmen die jugendlichen Arbeiter stetig ab, mit Ausnahme derer in den Bergwerkbetrieben. Die gröfste Abnahme ist in der Gruppe der Nahrungs- und Genufsmittel zu beobachten, und zwar machen die jugendlichen Arbeiter dieser Gruppe einen 6,8 % geringeren Anteil an der Gesammtheit im Jahre 1895 aus als im Jahre 1889.

Die Zahl der Fabriken und ähnlichen Anlagen, welche jugendliche Arbeiter beschäftigt haben, nahm bis 1893 mit einer Schwankung im Jahre 1892 zu und hat seitdem eine Abnahme erfahren.

Die höchste Zahl war im Jahre 1893 erreicht, wo sie 6196, oder eine absolute Vermehrung von 1958 seit 1884 betrug; dagegen ging diese Zahl im Jahre 1895 auf 5800 zurück; also ergiebt die gesamte Vermehrung innerhalb der 11 Jahre 1562 Fabriken. In Verhältniszahlen ausgedrückt kommen auf 1000 im Jahre 1884 im Jahre 1893 1461 und im Jahre 1895 1368. Die Vermehrung der jugendlichen Arbeiter war bis 1892 etwas gröfser als die der Fabriken, dann aber nahm die Zahl der Anlagen weniger als die der jugendlichen Arbeiter ab; und zwar kommen im ganzen Königreich auf eine

Fabrik im Jahre 1884 6,8 jugendliche Arbeiter, im Jahre 1890 5,5 und im Jahre 1895 5,2.

Als Hauptindustrien vertreten sind die Gruppen der Textilindustrie, der Steine und Erden, der Metallverarbeitung, der Maschinen und Werkzeuge, endlich der Nahrungs- und Genufsmittelindustrie. Es kommen auf diese 5 Gruppen 68,7 % der sämtlichen Anlagen, welche jugendliche Arbeiter beschäftigen:

in den Gruppen	in den Jahren		
	1884	1890	1895
III	75	84	529
IV	327	770	524
V	259	424	746
IX	1414	1912	1665
XII	629	608	525.

Die gröfste Verwendung jugendlicher Arbeiter erfuhr die Textilindustrie, welche indes von 1890 bis 1895 eine Abnahme erfuhr. Dagegen ist in der Metallindustrie seit 1884 eine regelmäfsige Zunahme zu beobachten. In der Gruppe der Nahrungs- und Genufsmittel ist von 1884 bis 1890 eine unbedeutende Abnahme zu ersehen, welche sich von da ab steigert bis 1895; die Abnahme betrug 1890 3,4 % und 1895 16,6 %. Die gröfste Vermehrung seit 1884 ist in der Gruppe der Steine und Erden zu beobachten, und zwar ist sie bis 1890 10,26 % gröfser geworden, dagegen ging ihre Zunahme bis zum Jahre 1895 auf 7 % zurück, was durch den Erlafs über Glashütten und Ziegeleien zu erklären ist.

Besonderes Interesse bietet die Beschäftigung von jugendlichen Arbeitern im Königreich Bayern, weil hier bis 1895 die erheblichste Zunahme von allen Staatsteilen zu bemerken ist. Die gröfste Zahl der jugendlichen Arbeiter fiel ins Jahr 1895 und betrug 17754 jugendliche Personen, d. h. auf 1000 im Reich kamen 80 in Bayern. Dafs die Vermehrung eine verhältnismäfsig schnelle war, kann man daran sehen, dafs von 1000 im Reich im Jahre 1884 64, im Jahre 1890 71 und 1895 80 auf Bayern kamen. Also nimmt die relative Zahl in erheblichen Sprüngen zu, oder, anders ausgedrückt, es kamen auf 1000 im Jahre 1884 in regelmäfsiger Vermehrung bis 1893 in diesem Jahre 1786; im Jahre 1894 ging diese Zahl auf 1748 zurück, doch erfuhr sie im folgenden Jahre 1895 nochmals eine erhebliche Zunahme und betrug 1808. An dieser grofsen Zunahme sind beide Kategorien, Kinder und junge Leute beteiligt, obgleich jene in geringerem Mafse als diese.

— 45 —

Die gröfste Zahl von Kindern kam im Jahre 1890 vor und betrug 2142, ging aber auf 1543 im Jahre 1895 zurück, doch mit Schwankungen, welche im Jahre 1894 den niedrigsten Punkt herbeiführten, wo die Zahl 1413 betrug. Oder in Verhältniszahlen: auf 1000 Kinder im Jahre 1884 kamen im Jahre 1890 1866; diese Zahl ging auf 1217 im Jahre 1894 zurück, nahm jedoch während 1895 wieder bis auf 1330 zu.

Dafs dies eine relativ grofse Zunahme ist, sieht man aus den relativen Zahlen, nämlich von 1000 im ganzen Reiche während des Jahres 1884 kommen auf Bayern 61, und ihre Zahl steigert sich im Jahre 1890 auf 78 und bis 1895 auf 354. Also findet in Bayern die gröfste Heranziehung von Kindern im ganzen Reiche zu Fabrikarbeiten statt, sogar in gröfserem Mafse, als im Königreich Preufsen, welches mit sämtlichen Provinzen erst die dritte Stelle nach dem Königreich Sachsen einnimmt.

Die Hauptverwendung finden die Kinder in den Gruppen IV (Industrie der Steine etc.), welche ziemlich allgemein auf die verschiedenen Bezirke verteilt war, weniger in der Textilindustrie Oberfrankens und Schwabens, sowie in der Gruppe Nahrungs- und Genufsmittel in der Pfalz, und zwar waren im ganzen Königreich Bayern beschäftigt während

| des Jahres | in der Gruppe IV | |
	absolut	relativ
1884	400	100
1890	795	198,7
1894	546	138,5
1895	628	157,0

und im Regierungsbezirk Pfalz (Gruppe XIII)

1884	34	100
1890	92	270
1894	104	305
1895	64	188.

Hieraus erhellt, dafs in der Zeit von 1884 bis 1890 die Heranziehung von Kindern in der Industrie der Steine und Erden sich beinahe verdoppelt hatte; mit dem Hinzukommen der gesetzlichen Beschränkungen aber ist diese erhebliche Zunahme beinahe gänzlich weggefallen. In ähnlicher Weise hat die Zahl der Kinder in der Industrie der Nahrungs- und Genufsmittel in der Pfalz eine Abnahme gezeigt.

Dagegen ist die Abnahme der Kinder seit 1890 in Bayern weniger erheblich, als es in den sonstigen Staatsteilen der Fall war; sie beschränkt sich auch nicht auf eine bestimmte Industrie, sondern es ist seit 1884 eine Zunahme, welche bei allen Gruppen zu beobachten ist.

Bei den jungen Leuten findet seit 1884 eine regelmäfsige Zunahme mit Ausnahme der Zeit von 1894 bis 95 statt; in jenem Jahre 1894 betrug ihre Zahl 16 211. Diese Vermehrung ist aber gröfser, als die durchschnittliche Deutschlands, wie man aus den Verhältniszahlen sehen kann, und zwar kamen von 1000 im ganzen Reiche 1884 auf Bayern 64, im Jahre 1890 70, im Jahre 1895 75; also zeigt sich eine fortwährende Zunahme bis 1895.

Dies stellt sich etwas deutlicher dar, wenn man die Zunahme in Bayern in relativen Zahlen ausdrückt, und zwar kommt auf 1000 im Jahre 1884 eine erhebliche Zunahme bis 1890, wo sie die relative Zahl 1728 aufweist. Nachher ist die Vermehrung weniger stark, doch eine Zunahme erkennbar, welche im Jahre 1895 die Zahl 1872 erreicht. Diese Zunahme verteilt sich hauptsächlich auf die Stein- und Erdenindustrie, die Gruppe der Maschinen, Werkzeuge etc. Mittelfrankens und die Textilindustrie Oberfrankens und Schwabens, endlich auf die Gruppe der Kleidungs- und Reinigungsindustrie in der Pfalz. Da jedoch keine Gelegenheit geboten ist, die Vermehrung innerhalb der oben genannten Regierungsbezirke zu beobachten, so mufs man diese Gruppen für ganz Bayern vergleichen:

In ganz Bayern kommen

im Jahre	IV	auf die Gruppen: V	IX	XIII
1884	1562	795	2832	483
1888	2506	1061	3134	782
1892	4212	1387	3245	979
1895	4123	1504	3768	1049.

Hieraus ergiebt sich, dafs die gröfste Verwendung junger Leute in der Textilindustrie vorkam; dagegen ist die Vermehrung bei diesem Arbeitszweig seit 1884 am geringsten. Die gröfste relative Zunahme weist die Gruppe der Steine und Erden auf, weniger die der Bekleidung und Reinigung. In diesen beiden Gruppen ist aber seit 1892 eine kleine Abnahme zu erkennen.

In der Zahl der Fabriken ist von 1884 bis 1895 eine stetige Zunahme zu erkennen, und zwar zählte man im Jahre 1895 2709 Anlagen. Die Zunahme betrug in absoluten Zahlen 1530 und war sehr erheblich, wie man auch aus den Verhältniszahlen ersehen kann.

Die Vermehrung war langsam bis zum Ende der 80er und Anfang

der 90er Jahre, von wo ab sie erheblich zunahm und zwar von 1000 im Jahre 1884 auf 1696 im Jahre 1890, auf 2142 im Jahre 1892 und endlich auf 2299 im Jahre 1895. Also ist sie $2^{1}/_{4}$ fach gröfser geworden und die Vermehrung ist noch stärker als die der jugendlichen Arbeiter. Dies zeigt sich deutlicher, wenn man die Kopfzahlen per Fabrik vergleicht: es kommen auf die Fabrik während

des Jahres 1884	1888	1892	1895
8,3	8,2	6,8	5,1 Köpfe.

Die erheblichsten Zahlen der Fabriken entfallen auf die Gruppen IV, V, VI und XI und liegen in den Regierungsbezirken Oberbayern, Pfalz und Mittelfranken vor.

Die Zunahme beruht teilweise darauf, „dafs in den Jahren 1889 und 1890 eine beträchtliche Zahl bisher als handwerksmäfsig betrachteter Anlagen, darunter besonders viele mit jugendlichen Arbeitern, zu den zu überwachenden Betrieben hinzugekommen ist" (Mitteil. 1890 p. 38).

In dem Königreich Württemberg war die Zahl der jugendlichen Arbeiter wie in Bayern während des Jahres 1895 am gröfsten und betrug 11 086 Personen, also auf 1000 im ganzen Reiche kamen 50 in Württemberg. Die Heranziehung von jugendlichen Arbeitern hat seit 1884 eine besonders starke Zunahme erfahren, welche, in Verhältniszahlen auf 1000 im Jahre 1884 ausgedrückt, im Jahre 1895 1587 erreicht. Die Vermehrung war eine regelmäfsige bis 1892, ging dann in den Jahren 1893/94 etwas zurück, nahm aber mit dem Jahre 1895 erheblich zu.

Dafs diese Vermehrung höher als die durchschnittliche ist, sieht man an dem württembergischon Prozentsatz der gesamten, im Reiche beschäftigten Personen; und zwar kommen von 1000 im ganzen Reiche im Jahre 1884 45, im Jahre 1895 dagegen 50 auf Württemberg.

Diese Vermehrung ist teilweise dadurch verursacht, dafs in Württemberg Kinderarbeit nie einen grofsen Umfang gewonnen hat; die Heranziehung von jungen Leuten war dagegen eine zunehmende. Die Beschäftigung von Kindern erreicht ihre gröfste Ausdehnung während 1886, wo sie 598 Kinder zählte. Diese Zahl nahm in den nächsten zwei Jahren bis auf 356 ab, dann langsamer bis 1895, wo nur 142 Kinder beschäftigt waren. Also beträgt diese gesamte Verminderung nur 214 und hat wenig Einflufs auf die Geamtzahl der jugendlichen Arbeiter gehabt. Die Hauptindustriegruppen, in denen Kinderbeschäftigung vorkam, waren hauptsächlich die der Textilindustrie, sowie die Gruppe der Maschinen, und Werkzeuge, und zwar kommen in Württemberg während

des Jahres	auf Gruppe V	auf Gruppe VI	auf Gruppe IX
1886	42	175	228
1890	36	60	96
1894	32	14	49.

Demnach ist die Hauptabnahme bis 1894 in der Textilindustrie mit 179 und der von Maschinen und Werkzeugen etc. mit 161 vertreten. Im Jahre 1886 machen diese drei Industriegruppen 74 %, im Jahre 1890 50 % und 1894 65 % der gesamten Kinderarbeiterschaft aus. Die übrigen verteilen sich ziemlich gleichmäfsig auf die sonstigen Betriebszweige.

Der Rückgang unter den Kindern beruht hauptsächlich auf der strengen Kontrolle, welche mit der Einführung der Schutzgesetze verbunden war, weniger auf dem Verbot der Beschäftigung noch schulpflichtiger Kinder, da unter den beschäftigten Kindern die meisten solche sind, welche bereits aus der Schule entlassen sind, aber das 14. Lebensjahr noch nicht vollendet haben (Mitteil. 1888 p. 46).

Bei den jungen Leuten wurde die gröfste Zahl im Jahre 1895 erreicht und betrug damals 10 944; d. h. von 1000 jungen Leuten im Reich überhaupt kommen in jenem Jahre 46 auf Württemberg. Die Vermehrung läfst sich nach Verhältniszahlen, wie folgt, darlegen. Auf 1000 im Jahre 1884 kommt eine stetige Vermehrung bis zum Jahre 1892, wo sie 1558, also eine Vermehrung von 56 %, erreicht. Nach einem unbedeutenden Rückgange während der Jahre 1893/94 steigert sich die Verhältniszahl, bis sie im Jahre 1895 1633 erreicht, eine Vermehrung, welche etwas über der durchschnittlichen steht.

Die Hauptbeschäftigungsarten sind die Textil-, Eisen-, Nahrungs- und Genufsmittelindustrie, und zwar waren beschäftigt in Gruppen:

im Jahre	V	VI	IX	XII
1884	1286	549	2664	497
1888	1396	688	3286	545
1892	1557	1401	3924	754
1895	1436	1534	4318	546.

Auf diese 4 Industriezweige kamen im Jahre 1884 etwa 56,5 % der sämtlichen jungen Leute, dagegen im Jahre 1895 nur 48,2 %. Doch ist eine Zunahme seit 1884 zu bemerken, welche aber mit Ausnahme der Gruppe VI unter dem Durchschnitt für das ganze Königreich steht. Der Grund dieser Erscheinung liegt in den Beschränkungen, welche auf den übrigen drei Gruppen nicht nur infolge der allgemeinen Bestimmungen, sondern auch infolge der besonderen kaiserlichen Verordnungen lasteten. Bei den übrigen Industriegruppen Württembergs ist aber eine grofse Zunahme zu erblicken, und zwar kamen auf 1000 im Jahre 1884 im Jahre 1895 2258. Aus dem oben Angeführten stellt sich heraus, dafs trotz der gesetzlichen Beschränkungen eine erhebliche Vermehrung bei den jungen Leuten wahrzunehmen ist; dabei war die Abnahme bei den Kindern, obwohl relativ bedeutend, doch absolut von geringer Bedeutung und Anzahl; daher ist die Zunahme bei den jugendlichen Arbeitern überhaupt eine bedeutende.

Die Zahl der Fabriken, welche jugendliche Arbeiter beschäftigt haben, war im Jahre 1895 am gröfsten und betrug 1397. Die Vermehrung seit 1884 betrug 604, oder in relativen Zahlen: es kamen auf 1000 im Jahre 1884 im Jahre 1895 1761. Diese Vermehrung ist mit Ausnahme des Jahres 1893, wo eine unverhältnismäfsige Rückbewegung eintrat, eine regelmäfsige gewesen.

Gegenüber den jugendlichen Arbeitern aber ist die Vermehrung der Fabriken unregelmäfsig, und zwar kamen jugendliche Arbeiter im Jahre 1884 per Fabrik 8,8 vor, dagegen im Jahre 1890 9,6; also war die Vermehrung bei den Arbeitern schneller als bei den Fabriken. Im Jahre 1895 aber ging die Vermehrung bei den Fabriken schneller vor sich und damals kamen auf eine Fabrik 7,4 jugendliche Arbeiter.

Werfen wir einen Blick auf die jugendlichen Arbeiter im Grofsherzogthum Baden. Die Zahl der jugendlichen Arbeiter des Bezirkes Baden hat innerhalb der letzten 21 Jahre ihre gröfste Vermehrung im Jahre 1890 erfahren, und zwar erreichte sie da 19929 jugendliche Personen, oder auf 1000 in dem ganzen Reich kamen 58 in Baden. Wenn man die Zunahme seit 1884 allein in Betracht zieht, so steht sie unter dem Durchschnitt des ganzen Reichs; so kamen z. B. auf 1000 im Reich im Jahre 1884 57 in Baden, welche Zahl sich im Jahre 1890 auf 58 steigerte, aber im Jahre 1895 auf 51 zurückging. Von 1874 bis 1895 ist im allgemeinen eine schwankende Zunahme wahrzunehmen. Bis in die 80er Jahre nahm die Zahl der jugendlichen Arbeiter ab, und 1878 war sie am geringsten. Seit 1878 trat eine Zunahme ein, welche bis zur Mitte der 80er Jahre langsam, dann bis in die 90er Jahre schnell vor sich ging; es kamen nämlich auf 1000 im Jahre 1874 1411 im Jahre 1890.

Im Jahre 1874 war noch die Wirkung einer lebhaften Geschäftslage vorhanden, welche mit der Zeit weniger fühlbar wurde; dazu kam die Novelle von 1879, welche eine Verminderung der Zahl der jugendlichen Arbeiter resp. Kinder bewirkte. Diese beiden Umstände dauerten bis Ende der 80er Jahre, wo eine besondere Lebhaftigkeit in der Geschäftswelt und den damit verbundenen erhöhten Ansprüchen auf Arbeitskraft eintrat. Im Jahre 1891 kamen allgemeine Beschränkungen der jugendlichen Arbeiterindustrie überhaupt und besondere Beschränkungen für die Zigarrenindustrie zur Geltung. Im allgemeinen ist seit 1874 eine Zunahme zu beobachten, obgleich von geringer Bedeutung. Die absolute sowie relative Vermehrung innerhalb der zwei Altersklassen ist aus dem Folgenden zu ersehen. Es waren:

im Jahre	junge Leute	Kinder
1874	6 962	2883
1878	5 092	1687
1882	6 574	1512
1886	7 619	1603
1890	11 569	2360
1892	10 887	593
1894	11 162	160
1895	11 203	133

d. h. relativ:

1874	1000	1000
1878	731	585
1882	944	523
1886	1094	556
1890	1661	818
1892	1563	205
1894	1603	55
1895	1609	46

Bei den Kindern ist während der in Betracht gezogenen Periode die gröfste Zahl gleich im Jahre 1874 zu erkennen; nachher tritt eine Abnahme ein, welche bis 1880 dauert. Darauf nimmt die Zahl bis in die 90er Jahre zu, gelangt jedoch nicht wieder zu der im Jahre 1874 erreichten Höhe. Von 1890 bis 1895 ist eine erhebliche Verminderung sichtbar.

Von 1884 bis 1890 steht die Zunahme über der durchschnittlichen, und zwar waren von 1000 Kindern im Reich im Jahre 1884 80 in Baden; also stand Baden damals nach dem Königreich Sachsen und der Provinz Westfalen in Bezug auf die Verwendung von Kinderarbeit an dritter Stelle. Diese Zahl steigt im Jahre 1890 auf 86, so dafs Baden an zweiter Stelle nach dem Königreich Sachsen steht; allein nachher geht die Zahl bis auf 31 im Jahre 1895 zurück und stellt Baden erst an die siebente Stelle. Also ist die Vermehrung zwischen 1884 und 1890, sowie die Verminderung von damals bis 1895 als aufserordentlich grofs zu bezeichnen.

Diesen Erscheinungen liegen mehrere Momente zu Grunde, besonders 1. Die frühzeitige Gewöhnung an die Beschränkungen von 1879, welche schon 1886 nicht mehr fühlbar sind (Mitteil. 1886 p. 24), so dafs der Geschäftsaufschwung der letzten Hälfte der 80er Jahre zwar weniger den Kindern, aber doch den anderen Arbeiterkategorien zu gute kam. 2. Das Vorhandensein mehrerer Betriebsarten, welchen die gesetzlichen Beschränkungen von 1891 besonders scharf auferlegt waren, wie z. B. die Zigarren- und Spinnereiindustrien. Die Wirkung dieser zwei Momente läfst sich darstellen, wenn man die Verwendung von Kindern in diesen Industriegruppen in den verschiedenen Jahren beobachtet; und zwar waren Kinder

	im Jahre	1884	1888	1890	1892	1895
in Gruppe	IX	346	280	311	92	25
„ „	XII	983	1047	1729	363	48.

Hieraus ist eine stetige Abnahme bei der Textilindustrie zu entnehmen, dagegen in der Gruppe XII eine Vermehrung bis 1890; dann tritt auch in ihr eine noch bedeutendere Abnahme ein als bei der Textilindustrie. Dies läfst sich daraus erklären, dafs die Zeitbeschränkungen der Novelle von 1878 immer noch grofse Schwierigkeiten für die Textilindustrie wie für die Gruppe XII verursachten; mit der Beschränkung der Zigarrenfabrikation dagegen, welche auf Basis der Novelle von 1891 auferlegt wurde, war die Beschäftigung von Kindern in vielen Betrieben dieser Branche nicht mehr vorteilhaft, und daher treten Entlassungen ein. Gegenüber den sonstigen Industrien ist auch die Abnahme in diesen zwei Gruppen zu erklären und zwar machten diese zwei Gruppen 87,5 % der sämtlichen Kinder im Jahre 1884 aus, dagegen im Jahre 1890 86,4 %; es trat also ein unerheblicher Rückgang ein. Im Jahre 1895 waren nur 54,9 % der sämtlichen Kinder Badens in diesen zwei Industriegruppen zu finden.

Natürlicherweise machen die jungen Leute weitaus die gröfste Zahl der jugendlichen Arbeiter Badens aus, und zwar kamen auf 1000 im Jahre 1895 deren 989. Dagegen kamen im Jahre 1890, wo die Zahl der jungen Leute ihre gröfste Ausdehnung erfuhr, auf 1000 jugendliche Arbeiter 829 junge Leute. In jenem Jahre waren insgesamt 1661 junge Leute beschäftigt, d. h. auf 1000 im ganzen Reich kamen 54 in Baden; also hatten, ihrer Zahl nach, die jungen Leute in Baden keine besondere Bedeutung.

Ihre Zahl nahm vom Jahre 1874 bis 1884 ab; sie war am geringsten im Jahre 1878 und betrug 5092, also etwa 27 % weniger, als 1874. Im Jahre 1884 war eine Zunahme von 5,4 % zu beobachten, welche im Jahre 1890 sich bis auf 6,6 % gesteigert hatte, d. h. auf 1000 im Jahre 1874 kamen 1661 im Jahre 1890. Dann ging ihre Zahl mit Schwankungen zurück bis ins Jahr 1895, wo auf 1000 im Jahre 1874 1609 kamen. Während der Periode von 1890 bis 1895 ist die erheblichste Verminderung im Jahre 1892 wahrzunehmen.

Die jungen Leute fanden ihre Hauptverwendung in der Zigarren-, Bijouterie-, Textil- und Eisenindustrie und zwar waren in diesen Gruppen angestellt

im Jahre	in Gruppe V	in Gruppe IX	in Gruppe XII
1884	1359	2009	2302
1890	2107	2435	3791
1895	1575	2528	3831.

Also hat eine Zunahme bei den drei Industriegruppen stattgefunden, welche relativ wie absolut bei der Gruppe der Nahrungs- und Genufsmittel am erheblichsten ist. Im allgemeinen aber bilden diese drei Gruppen einen abnehmenden Teil der gesamten Industrie, und zwar waren im Jahre 1884 75,8 % der sämtlichen jungen Leute Badens darin beschäftigt, dagegen im Jahre 1890 72,1 % und 1895 70,8 %. Also hat eine grofse Zunahme bei den übrigen Industriegruppen stattgefunden.

Besonders von Interesse ist die Heranziehung der jungen Leute, weil dabei die Beschäftigung in der Zigarrenfabrikation hauptsächlich in Betracht kommt. Während der 11 in Betracht gezogenen Jahre nahmen die jungen Leute in dieser Gruppe um 66,8 % zu, und zwar trotz der Zeitbeschränkung und sonstiger Schwierigkeiten, welche besonders der Fabrikation von Zigarren auf Grund der Gewerbeordnung von 1891 auferlegt wurden. Also hat in diesem Fall hierdurch keine Verminderung stattgefunden, sondern eine erhebliche Verbesserung der Arbeiterverhältnisse, welche unmittelbar den betreffenden Arbeitern zu gute kam. — Was die Zahl der Fabriken anlangt, welche jugendliche Arbeiter beschäftigten, so war sie in Baden während des Jahres 1892 am gröfsten und betrug 1832. Bis dahin ist eine regelmäfsige Zunahme zu beobachten. Nachher nahm die Zahl der Fabriken dieser Art mit Schwankungen ab, bis sie im Jahre 1895 1736 betrug. In relativen Zahlen ausgedrückt, kamen auf 1000 im Jahre 1884 1662 im Jahre 1892, welche Zahl im Jahre 1895 auf

1575 zurückging. Gegenüber den jugendlichen Arbeitern aber war die Vermehrung der Fabriken weniger erheblich, und zwar kamen auf eine Fabrik im Jahre 1884 8,03 jugendliche Arbeiter, dagegen im Jahre 1890 9,6; im Jahre 1895 ging ihre Zahl auf 6,52 zurück.

In der Gruppe der Nahrungs- und Genufsmittel war dagegen eine stetige Abnahme zu verzeichnen und zwar gab es per Fabrik im Jahre 1884 9,7 jugendliche Arbeiter, im Jahre 1890 8,11 und 1895 7,3.

Da die Gewerbeordnung erst im Jahre 1888 auf Elsafs-Lothringen ausgedehnt wurde, so ist erst im Jahre 1890 die Möglichkeit gegeben, die Entwickelung innerhalb Elsafs-Lothringens zu beobachten, also erst innerhalb der fünf Jahre, in denen zugleich die Wirkung der Novelle vom 1. Juni 1891 ersichtlich ist. Es gab im Jahre 1890 in Elsafs-Lothringen 10168 jugendliche Arbeiter. Ihre Zahl nahm ab, bis sie im Jahre 1893 9604 betrug, stieg aber im Jahre 1895 wieder auf 10106, oder, in Verhältniszahlen ausgedrückt, es kamen auf 1000 jugendliche Arbeiter im Jahre 1890 901 im Jahre 1894 und 952 im Jahre 1895. Die Bedeutung der jugendlichen Arbeiter des Reichslandes ist eine wachsende, und zwar kommen auf 1000 im ganzen Reich im Jahre 1890 46 in Lothringen und Elsafs, dagegen im Jahre 1895 48; also ist die Vermehrung verhältnismäfsig weniger erheblich als in den übrigen Landesteilen.

Dies findet teilweise seine Erklärung darin, dafs, obgleich die Kinderarbeit in Elsafs-Lothringen ziemlich ausgedehnt ist, sie doch infolge der gesetzlichen Beschränkungen eine verhältnismäfsig geringere Abnahme zeigt als andere Landesteile. Im Jahre 1890 waren 1071 Kinder in den Reichslanden beschäftigt; ihre Zahl ging gleich bis 1892 auf 432 zurück, nahm aber bis zum Jahre 1895 bis auf 610 zu; also beträgt die absolute Verminderung nur 461, oder, in Verhältniszahlen ausgedrückt, es kamen auf 1000 im Jahre 1890 nur 403 im Jahre 1892, welche Zahl sich dann im Jahre 1895 bis auf 569 gesteigert hat. Im Jahre 1890 kamen von 1000 Kindern im ganzen Reiche 35 auf Elsafs-Lothringen, und ihre Zahl stieg im Jahre 1895 auf 141. Also stand Elsafs-Lothringen nach dem Königreich Sachsen und Bayern in betreff der Beschäftigung von Kindern der absoluten Zahl nach an dritter Stelle. Die Hauptverwendung finden die Kinder in der Textilindustrie des Oberelsasses. Darin finden sich etwa 64,9 % der sämtlichen Kinder Elsafs-Lothringens. So kommt

Oberelsafs zunächst in Betracht, und zwar waren in der Textilindustrie des Oberelsasses beschäftigt an Kindern

im Jahre	Knaben	Mädchen	zusammen
1890	217	557	774
1892	22	256	278
1893	20	279	299
1894	9	297	306
1895			396.

Also ist eine Verminderung gleich im Jahre 1892 zu erkennen, welche jedoch am erheblichsten bei den Knaben auftritt. In den nächsten Jahren nahm die Zahl der Mädchen wieder zu, während die Zahl der Knaben weiter abnahm. Die gesetzlichen Beschränkungen in dem § 135 sind der unmittelbare Grund für diese Erscheinung, weil die Schulpflicht für die Knaben länger dauert als für die Mädchen, und zwar bis zum 14. Jahre.

Neben der Textilindustrie steht die Papier- und Lederindustrie (Gruppe X), aber in weit geringerem Mafse, und zwar sind in letzterer im Jahre 1890 33 Kinder und 1895 27 beschäftigt. Diese beiden Gruppen machten in den Jahren 1892 und 1895 96 % der sämtlichen Kinder des Oberelsasses aus.

Demnächst ihrer Bedeutung nach kommt die Kinderbeschäftigung des Unterelsasses. Hier wurden Kinder hauptsächlich in der Textilindustrie und der Gruppe der Nahrungs- und Genufsmittel verwendet, und zwar waren in diesen Zweigen beschäftigt

im Jahre	in der Textilindustrie	Nahrungs- u.	Genufsmittel
1890	105	13	118
1895	61	20	81.

Die in diesen beiden Gruppen beschäftigten Kinder machten etwa im Jahre 1890 76 % und im Jahre 1895 83,5 % der sämtlichen Kinderarbeiter aus; also ist der Rückgang in den andern Gruppen stärker als in diesen. Hier wie im Oberelsafs findet sich der gröfste Prozentsatz unter den Mädchen und zwar waren es im Jahre 1890 82,4 % Mädchen.

In Lothringen kommt die gröfste Zahl der Kinder im Bergbau, weniger auch in der Gruppe der Bekleidungs- und Reinigungsindustrie zur Anwendung, und zwar waren es

	im Jahre	1890	1895
in Gruppe	III (Bergbau)	3	56
„ „	IV (Stein- u. Erdenind.)	62	4
„ „	XIII (Bekleidg. u. Reinigg.)	0	10
	% der Gesamtheit	83,3	94,6.

Also ist während der fünf Jahre eine erhebliche Zunahme in der Verwendung von Kindern im Bergwerk wahrzunehmen, und zwar betrug sie 53 Personen. Ebenso sind in der Gruppe XIII 10 Personen neu beschäftigt. Dagegen geht die Zahl der in der Stein- und Erdenindustrie beschäftigten Kinder von 62 auf 4 zurück, also um 58, was durch die Ausdehnung einer strengen Kontrolle über das Reichsland, sowie die Bekanntmachung über Ziegeleien herbeigeführt war.

Bei den jungen Leuten ist seit 1890 eine Abnahme zu bemerken, und zwar waren im Jahre 1890 10168, dagegen im Jahre 1895 10106 beschäftigt, d. h. ihre Zahl hatte um 62 abgenommen. Für das ganze Reich hat die Zahl der jungen Leute Elsafs-Lothringens verhältnismäfsig weniger Bedeutung, und zwar kamen auf 1000 im Reich im Jahre 1890 47 junge Leute im Reichslande, deren Zahl im Jahre 1895 auf 45 zurückgeht. Die Verteilung nach Geschlechtern ist beinahe gleichmäfsig, und zwar kommen auf 1000 548 weibliche und 452 männliche Personen. Die Knaben finden die meiste Verwendung in der Eisenindustrie des Unter- und Oberelsasses, sowie in der Steine- und Erdenindustrie und im Bergbau Lothringens; unter den Mädchen kommt die Mehrzahl auf die Textilindustrie.

Die gröfste Zahl der jungen Leute fällt auf Oberelsafs, weniger kommen in Unterelsafs vor, noch weniger in Lothringen, und zwar kommen während des Jahres 1895 auf 1000 im Reiche 55,4 auf Ober-, 23,2 auf Unterelsafs und 21,4 auf Lothringen.

Die hauptsächlich in Betracht kommenden Erwerbsarten sind zunächst die Textilindustrie des Oberelsafses, die Industrie der Steine und Erden Lothringens und die Metallindustrie in beiden Teilen des Elsasses, und zwar kommen im Oberelsafs

im Jahre	auf IX (Textil)	auf VI (Maschinen etc.)	% der Gesamtheit
1890	4741	480	91,1
1895	4737	3	91,2.

Also hat sich das Verhältnis dieser beiden Gruppen in den fünf Jahren nicht geändert, vielmehr machen sie noch stets weitaus den gröfsten Teil der Gesamtheit aus. Auch in Bezug auf Geschlechter sind in den beiden Gruppen wesentliche Änderungen nicht wahrzunehmen.

Im Unterelsafs sind die jungen Leute mehr allgemein über die verschiedenen Gruppen verteilt, doch findet sich gröfsere Verwendung in der Eisen-, Metall- und Textilindustrie, sowie auch in der Gruppe der Nahrungs- und Genufsmittel, und zwar waren beschäftigt

	im Jahre	1890	1895
in Gruppe	V	299	281
„ „	VI	345	212
„ „	IX	1111	928
„ „	XII	198	309
von der Gesamtheit		80,5 %	75,5 %.

Demnach ist bei allen Zweigen aufser bei Gruppe XII ein Rückgang ersichtlich, welcher am stärksten in VI und XI hervortritt, wo die Abnahme in jener 133, in dieser 183 betrug. Dagegen ist die Zunahme bei XII ziemlich bedeutend und beträgt 111.

In Lothringen findet man die jungen Leute beschäftigt im Bergbau, sowie in der Industrie der Steine und Erden und der Gruppe Bekleidung und Reinigung, und zwar sind es

	im Jahre	1890	1895
in Gruppe	III	370	628
„ „	VI	901	1128
„ „	XIII	55	130
von der Gesamtheit		74,8 %	80 %.

Also ist bei allen eine Zunahme ersichtlich, welche am stärksten im Bergbau ist und dort 258 beträgt. Von der Gesamtindustrie machen diese drei Gruppen sowohl 1890 wie 1895 einen grofsen Prozentsatz aus, und bei diesen dreien ist auch die Zunahme gröfser als bei den übrigen Industriegruppen.

In der Zahl der Fabriken, welche jugendliche Arbeiter beschäftigen ist eine Zunahme seit 1890 zu ersehen, und zwar betrug die Vermehrung bis 1895 etwa 198 Fabriken, oder, relativ ausgedrückt, es kommen auf 1000 im Jahre 1890 846 im Jahre 1892 und 1185 im Jahre 1895. Also ist gleich 1892 eine Abnahme wahrzunehmen, welche indes 1895 in eine 8 %ige Steigerung übergeht.

Diese Vermehrung der Anlagen zeigt sich am deutlichsten, wenn man ihre Zahl mit der Kopfzahl der jugendlichen Arbeiter per Fabrik vergleicht, und gab es im Jahre 1890 per Fabrik 15,5 jugendliche Arbeiter, im Jahre 1895 dagegen nur 10,5. Dies ist teilweise daraus zu erklären, dafs die Zahl der Fabriken, welche nur wenig jugendliche Arbeiter beschäftigen, erheblich zugenommen hat.

Auf die einzelnen Gegenden verteilen sich die Fabriken wie Arbeiter ziemlich gleichmäfsig: auf Oberelsafs kommen während des Jahres 1895 36,4 %, auf Unterelsafs 34,1 % und auf Lothringen

29,5 %. Die Kopfzahl der beschäftigten jugendlichen Personen ist im Oberelsafs am gröfsten und beträgt 17,9 per Anlage; demnächst, obgleich weit unter dieser Zahl, kommt Lothringen mit 8,9 und endlich Unterelsafs mit 7,1 jugendlichen Personen per Anlage.

Die Wirkung der Schutzbestimmungen auf die jugendlichen Arbeiter ist eine zweifache gewesen. Einerseits nahm die Zahl der „jungen Leute" mit unwesentlichen Schwankungen zu. Dagegen ist bei den Kindern die entgegengesetzte Erscheinung zu beobachten: bis heutzutage darf von eigentlicher Beschäftigung derselben kaum die Rede sein.

Näher betrachtet liegen thatsächlich mehrere Momente vor, welche eine Vermehrung der jungen Leuten während der in Betracht gezogenen Zeit herbeigeführt hatten, nämlich die Geschäftslage, Mangel an geeigneter Arbeitskraft, Umänderung des Produktionsprozesses, Aufnahmsarten u. dergl., wovon die Geschäftslage die bedeutendste ist. Mit dem Geschäftsaufschwung der ersten Hälfte der 70er Jahre begann grofse Nachfrage nach Arbeitskräften aller Art, welche auch den jugendlichen Arbeitern zu gute kam. Die Einführung der Novelle von 1878 verursachte keine wesentlichen Schwierigkeiten und daher keine Schwankungen in der Zahl der beschäftigten jungen Leute, dagegen nahm die Zahl infolge der flauen Geschäftslage zu Anfang der 80er Jahre, wohl nicht im allgemeinen, doch aber in einzelnen Gegenden bedeutend ab.

Zu Ende der 80er Jahre tritt eine bessere Geschäftslage ein, welche auch einen gröfseren Einflufs auf die jungen Leute ausübte. Sogar bei Gelegenheit der Krisis der 90er Jahre ist kein grofser Rückgang in der Zahl derselben wahrzunehmen. Demgegenüber hat die Wirkung des Schutzgesetzes von 1891 einen geringeren Einflufs auf die Zahl der beschäftigten jungen Leute hervorgebracht; wohl hat die Zahl derselben in einzelnen Gegenden resp. Industriezweigen bedeutend abgenommen, doch ist dies als einzelne Erscheinung zu betrachten, welche die allgemeine Lage der jungen Leute nicht wesentlich berührt; wir gelangen daher zu der Ansicht, dafs die Wirkung der Gesetze wesentlich das erreicht hat, was in den verschiedenen Novellen beabsichtigt wurde. Es erhebt sich daher die Frage: reichen diese allgemeinen Bestimmungen aus, um die Ausbeutung jugendlicher Arbeitskraft zu vermeiden? Was die Arbeitszeit anbelangt, so wird vielfach hervorgehoben, dafs 10 Stunden für die körperliche und geistige Entwickelung des jugendlichen Arbeiters unzuträglich seien; und in manchen Staaten der Union ist bereits eine achtstündige Arbeitszeit eingeführt worden (Penns., New York u. s. w.). Ebenso ist in Deutschland die Notwendigkeit einer kürzeren Arbeitszeit für die jungen Leute auch bei der gegenwärtigen Geschäftslage vorhanden, doch trifft dies nur einzelne Fälle, nicht aber die jungen Leute im allgemeinen. Zur Zeit wird vielfach eine neunstündige Arbeitszeit innegehalten, und eine von 8 Stunden ist durchaus keine Seltenheit.

Dagegen dürfte behauptet werden, dafs mit der Verbesserung der Geschäftslage die maximal 10 stündige Arbeitszeit wieder eingeführt werden wird.

Bei den „Kindern" ist im allgemeinen eine Verminderung seit den 70er Jahren zu beobachten, und zwar ist dies eine Erscheinung, welche zweifellos mit den gesetzlichen Schutzbestimmungen zusammenhängt. Durch die Novelle von 1878 waren nur allgemeine Beschränkungen auferlegt, durch die Bestimmungen von 1891 wurden dieselben aber derartig verschärft, dafs man lieber auf das Heranziehen von Kinderarbeit verzichtete, als dafs man sich den damit verknüpften Schwierigkeiten unterworfen hätte, oder aber nur ausnahmsweise Kinder beschäftigte, wo der Arbeitsplan die vorteilhafte Ausnutzung derselben gestattete. Daher ist man im allgemeinen zu der Behauptung berechtigt, dafs die Kinderarbeit in den Fabriken Deutschlands der Vergangenheit angehört. Dagegen ist der Rückgang der Kinderarbeit in anderen Betriebsweisen nicht bemerkbar — im Gegenteil wird vielfach behauptet, dafs die Hausindustrie infolge dieser Beschränkungen sich gehoben hat. Dieser Tendenz entgegenzuwirken hat man eine Ausdehnung der Gewerbeordnung auf die Handwerksbetriebe in einigen Betriebszweigen versucht, diese Versuche sind aber keineswegs erfolgreich gewesen, sondern haben, wie es bei der Zigarrenfabrikation der Fall ist, die jugendlichen Arbeiter aus den besseren Verhältnissen in den Fabriken zu den mangelhafteren der Hausarbeit geführt. Ähnliche Fälle liegen in der Konfektion und den sonstigen Industriearten vor, welche gröfstenteils zu Hause lediglich von Familienmitgliedern betrieben werden. Die mangelhaften Zustände grade in dieser Betriebsweise, welche ich an anderer Stelle zu schildern versucht habe, verlangen gesetzlichen Schutz. Dazu ist eine viel schärfere Kontrolle nötig als bei der jetzigen Anzahl der Gewerbeinspektoren möglich ist; also ist eine Vermehrung der Zahl derselben durchaus notwendig und eine Befreiung derselben von Thätigkeiten, welche im strengsten Sinn nicht unter der Gewerbeaufsicht zu klassifizieren sind: nämlich die Kesselrevision, Bauinspektion u. dergl. Mittels dieser Umänderung ist es möglich, in Hinsicht auf die Arbeitsbedingungen für die jugendlichen Arbeiter, wenn auch nur annähernd, die Hausarbeit auf dieselbe Höhe wie den Fabrikbetrieb zu stellen.

Litteratur.

Amtliche Mitteilungen aus den Jahresberichten der mit Beaufsichtigung der Fabriken betrauten Beamten — Berlin; bezeichnet mit „Mitteilungen" (Mitteil.) mit betreffender Jahreszahl.
Jahresberichte der Königlich Preufsischen Regierungs- und Gewerberäte und Bergbehörden — Berlin; bezeichnet mit „Preufsen" (Pr.) und Jahreszahl.
Jahresberichte der Königlich Sächsischen Gewerbeinspektoren — Dresden; bezeichnet mit „Sachsen" und betreffender Jahreszahl.
Jahresberichte der Grofsherzoglich Badischen Gewerbeinspektoren — Karlsruhe; bezeichnet mit „Baden" und betreffender Jahreszahl.
Jahresberichte der Königlich Bayrischen Fabrikinspektoren — München; bezeichnet mit „Bayern" und betreffender Jahreszahl.
Jahresberichte der Fabrikinspektoren für Hamburg — Hamburg; bezeichnet mit „Hamburg" und betreffender Jahreszahl.
Ähnliche Jahresberichte für Bremen, Sachsen-Meiningen, Coburg-Gotha u. s. w.
„Die soziale Lage der Zigarrenarbeiter im Grofsherzogtum Baden" — Karlsruhe.

VITA.

Natus sum Eduardus Arthurus Dodd die vicesimo sexto mensis Aprili a. h. s. LXIX Portland, patre Cawlo, matre Lucia e gente Sprote, quibus gaudeo superstitibus. Fidei adductus sum evangelicae, litterarum elementis in Gymnasio civico imbutus, testimonium maturitatis adeptus autumno anni LXXXVII Collegium Amherstiense adii, quo titulo artium baccalaurii condecoratus sum. Quo facto me per quatuor annos studiis privatis dedi. Vere a. h. s. XCV in Universitatem Halensem me contuli, ut oeconomicae, politicae, historiae ope ram dem; duobus semestribus post Berolinum profectus sum. Vere a. h. s. XLVII Universitatem Halensem remigravi. Variis temporibus audivi in ordine philosophorum praeter ceteros viros doctissimos Conrad, Droysen, Erdmann, Vaihinger Halenses; Lasson, Paulsen, Simmel, Wagner, Wenckstern, Berolinenses.

Seminariorum exercitationibus comiter me admiserunt: Conrad, Droysen, Paulsen, Wenckstern, quibus omnibus viris illustrissimis, de studiis meis bene meritis, inprimis autem Johanni Conrad, gratias ago quam maximas.